Gerhard Wasshuber

Die Krakau

Ein steirisches Hochtal, wo die Welt noch in Ordnung ist

Verlag Anton Schroll & Co
Wien und München

Dieser Band enthält 133 Farbabbildungen

Vor- und Nachsatz:
„Murauer Landgerichts-Straßen- und
Wegemappe von 1769/1772“.
Links oben sind die Ortsbezeichnungen „Ob St.
Ullrich“ und „Ob St. Oswald in Graggau“ sowie
unten in der Mitte „Murau“ zu entnehmen.

2., überarbeitete Auflage

Grafische Gestaltung des gesamten Buches:
Gerhard Wasshuber
© 1988 by Verlag Anton Schroll & Co, Wien
Alle Rechte vorbehalten. Printed in Austria
Gesamtherstellung:
Agens-Werk Geyer + Reisser, Wien
ISBN 3-7031-0685-9

Das Buch ist gedruckt auf
Magnomatt TCF (total chlorfrei) 150 g/m^2
der Leykam-Mürztaler AG

Gedruckt wurde mit der Hartmann-
Euro-Skala der Sun Chemical AG, Wien

Vom Brauchtum und dessen Ursprüngen in der Geschichte

Die Krakau

Die Krakau, wer kennt die schon? Nach Rückkehr aus den ersten Urlauben und neugierigem Befragen „Wo waren Sie heuer?" kam nach der Antwort „In der Krakau!" oft ein wissendes Kopfnicken „Aha, in Polen!".

Wo liegt nun dieses Hochtal der Krakau? Fast könnte man sagen, im Herzen von Österreich, wenn nämlich der Schnittpunkt zwischen Nord-Süd- und West-Ost-Achse gemeint ist. Am Südabhang der Niederen Tauern gelegen und noch zur Steiermark gehörend, grenzt das Krakautal an den salzburgischen Lungau. Zu erreichen ist es über das Murtal, wobei der einfachste Weg, eine landschaftlich schöne Straße, von Murau über Ranten nach Krakaudorf führt (Murau–Krakaudorf 18 km). Krakaudorf liegt in 1172 m Seehöhe und hat ca. 650 Einwohner.

Die Abfolge der Kapitel dieses Buches wurde nach der Pfarr-Chronik von Krakaudorf durchgeführt; auch wurden Zitate aus der Chronik übernommen. Ihr Wortschatz zeigt viele Eigenheiten und altertümliche Ausdrucksweisen, denen ich folgen möchte; und diese sind durch Anführungszeichen gekennzeichnet.

Ein paar Gedanken, sozusagen Bilder aus der Krakau, möchte ich voranstellen. Am Anfang waren die Berge, dann das Hochtal, auf das die einzelnen Höfe gestreut wurden, und die sich auch um die Kirchen scharten. Es gab damals kaum Straßen, nur einzelne Gasthöfe und kaum Schipisten. Man mußte und muß die Berge durch die Ausdauer der Beine und der Lungen erobern. Es war das wahre, ursprüngliche Leben.

Läßt man jedoch die Autos im Tal und folgt den Pfaden, die von Generationen von Bauern ausgetreten worden waren, erlebt man noch heute den Berg. Auf den tiefgrünen Matten in fast zweitausend Meter Höhe kann man so manche wettergegerbte Alm- und Berghütte entdecken. Die tiefe Stille wird nur vom dumpfen Geläute der Kuhglocken unterbrochen.

Das Dasein wurde früher als Mission empfunden, wo man ohne Zögern und Disput zu gehorchen hatte. Unter der rauhen Schale verbargen sich Mühe, Opfer, Sparsamkeit, Schmerz, Verzicht und Solidarität. Und auch heute noch spürt man bei diesen Menschen die geschilderten Eigenarten ihrer Vorfahren. Eine ihrer beachtenswertesten Eigenschaften ist gerade die, nicht aufzufallen und mit einer stillen Zurückhaltung durch das Leben zu gehen.

Deshalb passen sie zu den Bergen. Und darum erinnert man sich in der Krakau vor allem auch der stillen Bergwinter, der schneebedeckten, vom Mond beschienenen Dörfer, der Zirben-, Fichten- und Tannenwälder, die nach Moos und Pilzen riechen, oder des Inneren der Häuser, wo es noch oft nach selbstgebackenem Brot duftet.

Zu jeder Jahreszeit spürt man die frische Luft von den Bergen wehen. Die kalten, frischen Wasser, die mitunter in bizarren Fällen zu Tal brausen, der dahinfließenden Quellen, die sich dem Wanderer anbieten, oder die der aggressiven Wildbäche, durch die Forellen schnellen. Eingebettet in die Natur stehen Häuser und Höfe, der zentrale Mittelpunkt im Leben der Krakauer. Nicht einmal in den einfachsten Häusern oder in den entlegensten einsamen Gehöften fehlen die Blumen. Selbst die Hausfrau, die für eine große Familie zu sorgen hat, verzichtet nicht darauf, einen Teil ihrer Zeit der Pflege der Blumen zu widmen, die ein wenig Freude in ihren Alltag bringen. Die Liebe zu den Blumen zeugt von der verborgenen Liebenswürdigkeit der Krakauer und ihrem unter der rauhen und harten Schale versteckten innigen Zartgefühl. Diese Blumenliebe wurde schon mehrmals mit Preisen des Landes Steiermark bedacht, und zwar sowohl für das ganze Dorf als auch für einzelne Häuser.

Die in weiter entfernten Regionen stattgefundene Industrialisierung hat wohl zum Teil zu Pendlern geführt, dieses Pendlertum hat sich jedoch in die bäuerliche Kultur eingegliedert. Der Krakauer bleibt in seiner Seele ein Bauer und Handwerker, der seine Arbeit und sein Schaffen liebt. Der Arbeiter selbst blieb meist auch Bauer, der abends oder zum Wochenende auf den wenigen ererbten Wiesen oder im Wald arbeitet und so mit deren geringem Ertrag seinen Lohn aufbessern kann. Er lebt im Dorf, in einem sozialen, kulturellen und menschlichen Milieu, das sich nie erheblich verändert hat. Auch wenn die strenge Moral und die Fülle der Tabus ihrer Väter verschwunden oder fast verschwunden sind, bewahrten sie sich trotz allem die Liebe zur Arbeit und das Wissen, daß die wesentlichen Grundsätze des Daseins der Glaube und die Religiosität sind und das Leben in erster Linie aus Pflichten besteht. Sein Gemüt ist noch von Barmherzigkeit und moralischem Fühlen erfüllt, und so blieben die Pfeiler der bäuerlichen und christlichen Kultur im wesentlichen unbeschädigt.

So haben sich in der Krakau drei Gemeinden gebildet: Krakaudorf im östlichen Teil, Krakauebene in der Mitte, 1200−1500 m Seehöhe, mit ca. 600 Einwohnern, und Krakauschatten an der Grenze zum Lungau, 1110−1480 m Seehöhe, mit ca. 340 Einwohnern in der Streusiedlung.

Hinweisen möchte ich ferner auf einen gedruckten Beitrag von M. Gelder „Eine Wolfsjagd in der Krakau bei Murau" aus dem vergangenen Jahrhundert. Er schildert eine der letzten Wolfsjagden, stattgefunden nach dem Erntedankfest im Oktober 1821. Wieder einmal hatten Wölfe Vieh gerissen und der damalige Richter der Gemeinde der Balnbauer, Simon Siebenhofer, verständigte die Leute durch seinen Sohn, sich frühmorgens um vier Uhr beim „Kreuze am Moos", an der Grenze zum Lungau, zu versammeln. Und wirklich kamen über neunzig Männer aus der Hintermühl und Schatten mit Büchsen, Heugabeln und Hunden ausgerüstet zum Treffpunkt. Auch der Pfarrer aus Krakauebene, Kurat Tomas Siebbauer, war dabei, begleitet von Trommlern und bewaffneten Hornbläsern. Es ging entlang des wildschäumenden Heisterbaches, vorbei an der im Volksnamen genannten Felswand „Paukofen". Der erste Schuß der Treibjagd fiel auf der Höhe am Schober vom würdigen Kurat aus einer alten Radschloß-Muskete. Der Schuß streckte eine alte Wölfin nieder, der Rückstoß den Kuraten. Später wurden zwei junge Wölfe gefangen und ein zweiter Wolf am Waidschoberkopf erlegt. Der Einzug in die Ebene war dementsprechend, und bei der anschließenden Feier wurden die Abschußprämien verjubelt. Diese Wolfsjagd in Krakauwinkel war nicht die letzte, denn der letzte Wolf wurde in dieser Gegend im Jahre 1845 von Franz Tockner erlegt.

Nun aber zurück zur Gegenwart. Am überraschendsten ist für jeden Erstbesucher der Krakau das vielfältige Brauchtum und daher auch der beste Einstieg zum Kennenlernen dieses schönen Gebietes.

Ehrliches Brauchtum

„Einst kam der liebe Heiland mit seinen Aposteln und Jüngern auch nach der Krakau. Diese wunderten sich über die Schönheit des Tales und den herrlichen Wuchs der Fichten und Lärchen, aber sie bedauerten auch, daß das schöne Hochland noch von keinem Menschen bewohnt war, darum bat Petrus den Herrn, er solle aus den Bäumen Menschen machen. Da befahl Christus den Aposteln, von den Bäumen die Äste herabzuhacken, er wolle dann aus denselben Menschen erschaffen. – Die Apostel taten dies in Eile, so daß bald nur die kahlen Stämme gar traurig dastanden. Christus schuf nun aus diesen Stämmen Menschen, und so wurden, meldet die Volkssage, die Krakauer erschaffen, welche nun den Spottnamen ‚die g'stutzten Graggober' zu tragen haben. Es ist ein großer und starker, aber auch ein rauher und derber Menschenschlag."

Als Nachsatz wäre anzumerken: Der Spottname lautet „zug'hackter Graggober". Aber die Krakauer meinen: besser gut zugehackt, als schlecht gehobelt.

Der Name des Dorfes und des herrlichen Hochtales stammt von den um 600 n. Chr. eingewanderten Alpenslawen. Die heute eingebürgerte, an Polen erinnernde Schreibung Krakau wird abgeleitet von: Grakor, Kraker, Krakenau, Graggatal, Graka, Grakhau. Ihre Bedeutung wird in der Chronik auf das slowenische gorak zurückgeführt, was soviel wie Bergbewohner heißt.

In diesem etwas abseits gelegenen Hochtal läuft das Jahr im steten bäuerlichen Rhythmus ab. Industrie gibt es keine, der Fremdenverkehr ist nicht kommerzialisiert, spielt sich hauptsächlich im familiären Bereich ab, und dieser wird durch die Landwirtschaft der Bergbauern geprägt. Die historisch gewachsene Lebenssphäre beruht auf dem Kirchenjahr mit seinen Festen. Und wie diese begangen werden! Da bleibt dem Städter vor Staunen der Mund offen. Jeweils das ganze Dorf, alt und jung treffen die Vorbereitungen und feiern mit. Ein wahrhaft ehrliches Brauchtum, denn es wird um der Tradition willen veranstaltet und nicht für Fremde organisiert. Bei jedem Wetter, egal ob Fremde hier sind oder nicht, wird marschiert, musiziert, geschossen, gesungen und getanzt. In der Tat war ich oft der einzige „Fremde", der bei solchen Veranstaltungen dabei war. Die Erklärung liegt in der geographischen Lage und in der Abgeschiedenheit des Hochtales der Krakau.

In Krakaudorf mit seiner Pfarrkirche zum hl. Oswald werden vor allem die „Prangtage" festlich begangen. An diesen Prangtagen zu Fronleichnam und St. Oswaldi (1. Sonntag im August) marschieren unter Musikklang die „Prangschützen" in Grenadieruniform (weiße Hosen, grüne Waffenröcke mit über der Brust gekreuzten weißen Wehrgehängen, kokardengeschmückte Braunfellmützen) zum „Schützenamt" und zum feierlichen Umgang, wo sie bei den vier Evangelien die Salutschüsse aus ihren alten Vorderladern abblitzen – zumeist, doch nicht immer, ohne Vor- und Nachschuß. Weißgekleidete Kranzmädchen tragen auf den Schultern die aus den Wegkreuzen gehobenen Statuen der Gottesmutter; diese ste-

9

hen auf baldachinartigen, mit Seidenbändern und Almblumen bestechten Holzgestellen, den sogenannten „Liebfrauentragen".

Knaben in weißen Hemden und roten Schärpen, Engelskronen auf den Häuptern, tragen die barocke Oswaldistatue in buntem Mantel. Nachmittags zieht der Samson auf, der Feind der Philister, eine Riesenfigur mit rollenden Augen, schwarzem Haar und Bart, den Kürassierhelm auf dem Haupt, die Hellebarde in der Rechten, Schwert und Eselskinnbacken in der Linken, über den langen gestreiften Kittelrock ein rotes Schulterkleid mit Kriegsauszeichnungen. Am Vorabend macht er beim Pfarrhof seine Antrittsreverenz. Nach jeder Ehrensalve, die vom Hauptmann ausgerufen wird und die Betroffenen eine erhebliche Anerkennungsspende kostet, tanzt der „Philisterfeind" gar geschmeidig nach dem Takt anheimelnder Blasmusik.

Dieser Samson entstand in Anlehnung an die Lungauer Figuren, der Ursprung des Samson war aber im Murauer Kapuzinerkloster.

Der Urheber des hiesigen Samson dürfte der ansässig gewordene Schneider Johann Turass vulgo Bichlwirt (Bichlschneider Nr. 43), der spätere vulgo Schnedl (Unteretrach Nr. 30) gewesen sein. Er war der Sohn eines italienischen Müllers aus Genua und kam offenbar mit dem Franzosentroß 1809 hierher, als der Vizekönig von Italien, Eugen Beauharnais, der Stiefsohn Napoleons, durch Kärnten ins obere Murtal zog, und verblieb dann in der Krakau, wo er sich durch Einführen der Prangschützen (in österreichischen Uniformen) und durch eine Nachbildung des Lungauer Samson beliebt gemacht haben mochte. Übrigens könnte das gleiche auch ein Mitglied des französischen Freikorps der Rondeer, die auf seiten Österreichs kämpften und nach ihrer Niederlage um 1800 über Salzburg

nach der Steiermark flüchteten, getan haben. Daß auch feindliche Franzosen in das Krakautal kamen, bezeugt das „Franzosenkreuz".

Leider wurde die ursprüngliche Samsonfigur nach ungefähr hundert Jahren, nämlich im Jahre 1912, bei einem Brand vernichtet.

Die zweite Figur, im Volksmund der „Grauperte" genannt, wurde wegen ihrer Mißgestalt viel verspottet und hatte nur kurze Lebensdauer.

Die jetzige Riesenfigur „Samson der Dritte" wurde im Jahre 1914 von N. Neumann vulgo Pistrich in Ochaling in mühevoller Arbeit geschaffen. Ursprünglich von gewaltiger Größe, mußte er wegen der später gebauten Telefonleitungen auf nunmehr sechs Meter gekürzt werden. Das Gewicht beträgt 70 kg in trockenem Zustand, denn wenn es regnet, saugen die Stoffbahnen etliche Liter Wasser auf. So kam es, daß man spätabends beim Ausklang eines verregneten Umzuges, am tiefsten Punkt des Dorfes angelangt, den Samson nicht mehr zur Kirche hochbrachte. Man rätselt noch heute, ob die „Flüssigkeit" im Samson oder in den Trägern die Ursache war.

Fest steht, daß der Samson von einem Mann getragen wird, dem die Figur auf Schultern und Oberkörper geschnallt wird. Eine beachtliche Leistung, denn Marschieren und Tanzen besorgt er ganz allein. Lediglich in Ruhestellung wird ihm die Last von vier Trägern etwas abgenommen.

Seite 11: Zum Beginn des Oswaldifestes werden die Bewohner von Krakaudorf durch Böllerschüsse und Grußläuten geweckt.
Seite 12. Oben: Zur Schützenkompanie gehören 57 Schützen exklusive der Samsongruppe (Stand zur 175-Jahr-Feier im Jahre 1986). Die Schützenmusik umfaßt 26 Musiker. Unten: Als Oswalditräger fungiert die männliche Jugend. Die „Liebfrauentragen" werden von den Mädchen getragen.

Zu den ältesten Bräuchen dieser Gegend gehört das Faschingsrennen. Es hatte in Krakauebene seinen Ursprung und findet nun jedes ungerade Jahr am Faschingsmontag („Damischer Montag") auch in Krakaudorf statt.

Der wilden Jagd gleich stürmen zunächst die „Schelläufer" in weißen Hemdröcken und Papiermützen über die beschneiten Felder von Gehöft zu Gehöft, wo jeweils ein Scheffel Hafer und ein Eierkorb bereitgestellt sind. Da dieses Rennen auf einen heidnischen Brauch zurückgeht, bei dem mit Glockenschellen, Singen und Jauchzen die „Winterunholde" auszutreiben sind, hat die katholische Kirche ihn nur in der Form geduldet, daß er zwischen dem ersten und letzten Läuten des Tages stattzufinden hat. Aufgrund des Anwachsens der Dörfer beginnt das Faschingsrennen um vier Uhr früh und endet um sieben Uhr abends. Wiederum eine Gewaltleistung, die die heimische männliche Jugend vollbringt.

An der Spitze des Zuges der Faschingsrenner eilt der „Wegauskehrer", ein ganz in Rot gekleideter, wendiger Bursche mit einer spitzen Mütze und einem langen Besen, dem Zug voraus; er muß die vor den Bauernhöfen errichteten drei bis vier Meter hohen Hindernisse (über die Wege gespannte Ketten) überspringen. Erst wenn ihm dies gelingt, darf der ganze Zug zu Speis und Trank ins jeweilige Bauernhaus einkehren. Derbe

Seite 13: Auf zur Schützenmesse.
Seite 14: Schützenmusik beim Umzug.

Späße der am eigentlichen Rennen nicht teilnehmenden Jugend, zum Beispiel das Ansägen der Ketten, sind bisher glimpflich verlaufen.

Dem Wegauskehrer folgen 16 bis 18 „Schellfaschinge", bekleidet mit weißen Hemden, Trachtentüchern um die Schultern, kurzen Lederhosen, weißen, langen Unterhosen, Stutzen und Bergschuhen und mit reich verzierter, bis zu einem Meter hoher Zuckerhutmütze. Jeder trägt einen Gürtel mit einem Schellen- oder Glockenrollkranz. Vier „Glockfaschinge", sonst gekleidet wie die Schellfaschinge, jedoch mit einem steirischen Hut, geschmückt mit langen Bändern, tragen einen Schäferstecken und große Herdenglocken in der Hand und werden vor jedem Haus von den Schellfaschingen im sogenannten „Kranzl" umtanzt.

Schon von weitem hört man das Nahen dieses lustigen Faschingszuges. Aus Federn und Geierbälgen, verschiedenen bunten Flicken und Lappen werden die Gewänder hergestellt. Im Zug wird auch ein lendenlahmes künstliches Roß mitgeführt, dem ein k. k. Roßhändler, ein Schinder und ein Schmied mit deren Weibern folgen. Der Händler preist mit viel Lob sein Roß zum Verkauf an. Der „Schimmel", der vom Schmied beschlagen und dann beim Radeltanz verkauft wird, verreckt später, worauf ihn der Schinder mit dem blutroten Holzmesser zerteilt. Darauf sagt der Händler zum kaufenden Bauern: „Was liegt, g'hört dein, was steht, g'hört mein." Dabei springt der Schimmel wieder auf – und das Rennen beginnt aufs neue, aber ja nicht während des Gebet- oder Meßläutens – sonst käme der Schwarze (Teufel)!

Zu den Faschingsrennern gehören noch ein „Schottenklaner", der versucht, die Zuseher mit Farbe zu beklecksen, ein „Hühnergreifer", der als Geier verkleidet ist, ein „Eierträger", der die von den Bauern vor das Haus gestellten Eier einsammelt, verschiedene andere Hausierer und nicht zuletzt die „Vetteln", als Frauen verkleidete Burschen, die die Leute um ein sogenanntes „Zutzgeld" (Stillgeld, die alte Form der modernen Kinderbeihilfe) für ihre mitgeschleppten „Kinder" – bunte, oft monströse Stoffpuppen – anbetteln. Mit von der Partie sind noch Friseure, die mit Schlagobersschaum und Spray kräftig barbieren. Jedenfalls hat man Mühe, diesem Zug zu folgen. Nicht umsonst heißt er „Faschingsrennen", denn die Laufleistung bei tiefem Schnee oft querfeldein ist gewaltig. Hausierer und Vetteln, die das Geld eintreiben, schaffen es jedesmal, vor dem letzten Glockenschlag noch „einzurennen". So wird der Glaube aus frühester Zeit hochgehalten, daß das Faschingsrennen ein fruchtbares Jahr bringen würde.

Ein anderer in der Gegend noch regelmäßig geübter Brauch ist der Almabtrieb. Einige Ortschaften außerhalb, aber in der Nähe der eigentlichen Krakau haben ebenfalls ihre Bräuche und Veranstaltungen, so zum Beispiel Ranten das Fahnenschwingen, eine zum Kirchweihfest, dem des heiligen Bartholomäus jeweils Ende August, geübte Tradition, bei der von einem Mann eine Fahne – ähnlich wie bei dem Schweizer Brauch – kunstvoll geschwungen wird. Begleitet wird der Fahnenschwinger von der Musik und den Prangschützen in traditionellen französischen Uniformen, die eine Ehrensalve, die sogenannte „Generaldecharge" abfeuern.
Schöder hinwiederum hat seinen in der ganzen Steiermark bekannten Pferdemarkt. Hier kommen vor allem die Norikerstuten mit ihren Fohlen von den Almen zum Markt. Große Aufregung und frohes Wiehern der Stuten herrscht immer, wenn der Hengst vorgeführt wird.

Gelegentlich werden beim Frühschoppen oder bei Sommerfesten Tanzspiele oder steirische Volkstänze dargeboten. Bei einigen Wochen Aufenthalt kommt jeder Besucher ganz zwanglos auf seine Rechnung.
Das ehrliche Brauchtum und die herrliche Landschaft haben auch Eingang in die Fernsehserie „Die Leute von St. Benedikt" gefunden.
Mitgerissen von dem vielfältigen Brauchtum, das vor allem durch seinen unverfälschten Charakter besticht, beginnt man sich zwangsläufig mit der Geschichte dieser Landschaft zu beschäftigen.

Seite 17: Der Umzug der Schützengarde geht durch das ganze Dorf sowie über die Felder.
Seite 18: Schützenkapelle.

Seite 19: Tubarhythmus.
Seite 20: Die Schützengarde in ihren der französischen Uniform nachempfundenen Ausstattung mit Bärenfellmützen, angeführt von den Offizieren.

Seite 21: Schützenmusik beim Umzug.
Seite 22: Offizier mit Schützenfahne, der die Kompanie anführt.

Seiten 23 und 24: Während der Prozession werden aus den Vorderladern nach Kommando des Hauptmannes Salven abgefeuert.

Seite 25: Tubaspiegelung. Dieses Bild zeigt eigentlich alles, was Krakaudorf symbolisiert: die Kirche, die Garde mit Musik, den Samson und die umgebenden Almen.
Seite 26: Bärenfellmützen werden während der Schützenmesse auf den Vorderladerpyramiden abgelegt.

Seite 27: Schützenkompanie beim Abfeuern der Ehrensalve.
Seite 28. Links: Der über sechs Meter große Samson und seine Samsonträger vor der Kirche zeigen so richtig die Größenverhältnisse. Rechts: Die kleinen Trommler müssen zum Musikunterricht nach Murau fahren.

Seite 29: An den Prangtagen steht sozusagen ganz Krakaudorf kopf.
Seite 30: Salutierender Offizier.

Seite 31: Samsontanz am Kirchenplatz. Der Samson, eine biblische Riesenfigur mit über sechs Meter Höhe und ca. 70 kg Gewicht, wird von einem Mann getragen. Nach jeder Ehrensalve, die vom Hauptmann ausgerufen wird und den Betroffenen eine erhebliche Steuer kostet, tanzt der Philisterfeind gar geschmeidig nach dem Takt anheimelnder Blasmusik. Am Ende jedes Tanzes unterstützen vier kräftige Burschen den Samsonträger.

Seite 32: Die letzten Salven in der Dämmerung. Der Samsonumzug dauert vom frühen Nachmittag bis in den späten Abend.

Seite 33: Die Krakau im Winter mit Preber.

Seite 34: Auftauchen der seit vier Uhr morgens umherziehenden Faschingsrenner am Faschingsmontag („Damischer Montag") in der Landschaft der Krakau.

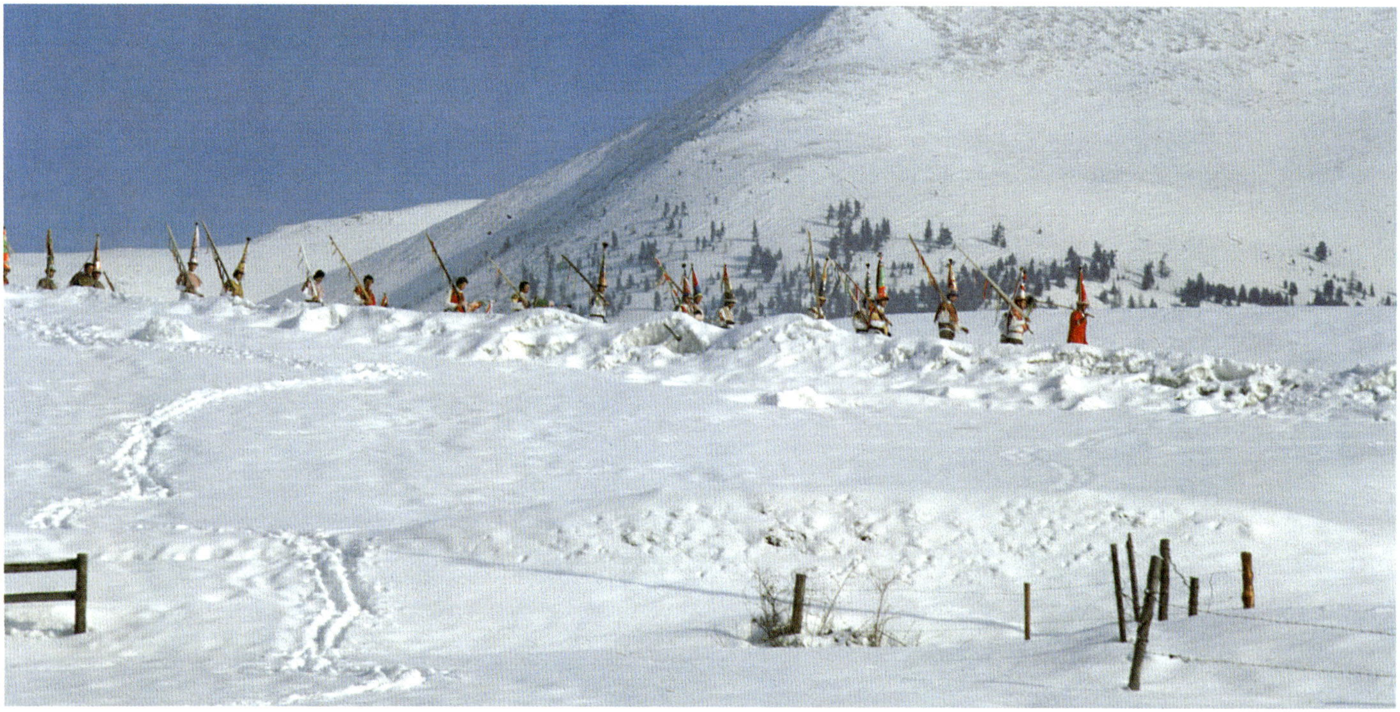

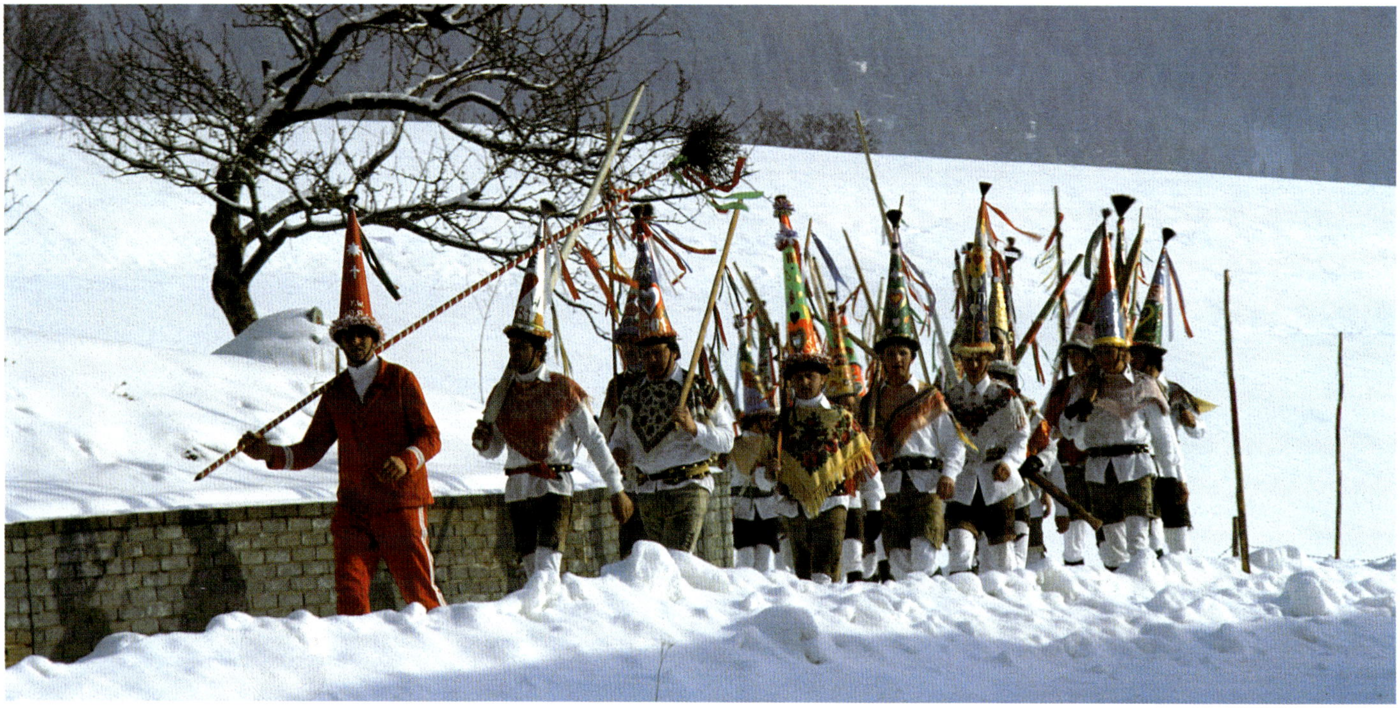

Seite 35: Die Faschingsrenner beim „Kranzl". In der Mitte des Kranzls befindet sich die Musik, erkenntlich an den Steirerhüten, mit Trommeln und Kuhglocken. Sie werden von den Faschingsrennern umtanzt. Den Anlaß bilden die von jedem Haus gespendeten Gaben von Eiern und Hafer. Mit diesem Tanz sollen die bösen Geister vertrieben und Fruchtbarkeit erbeten werden.
Seite 36: „Schellfaschinge" zwischen alten Häusern.

Seite 37: An der Spitze des Zuges der „Wegauskehrer", ein ganz in Rot gekleideter wendiger Bursche mit einer spitzen Mütze und seinem langen Besen.
Seite 38. Oben: Das lendenlahme künstliche Roß, angeführt vom k. k. Roßhändler. Der „Schimmel" wird beim Radltanz verkauft, vorher jedoch vom Schmied beschlagen. Das Bild zeigt das „Z'sammenrennen" der Faschingszüge von Krakaudorf und Krakauebene.

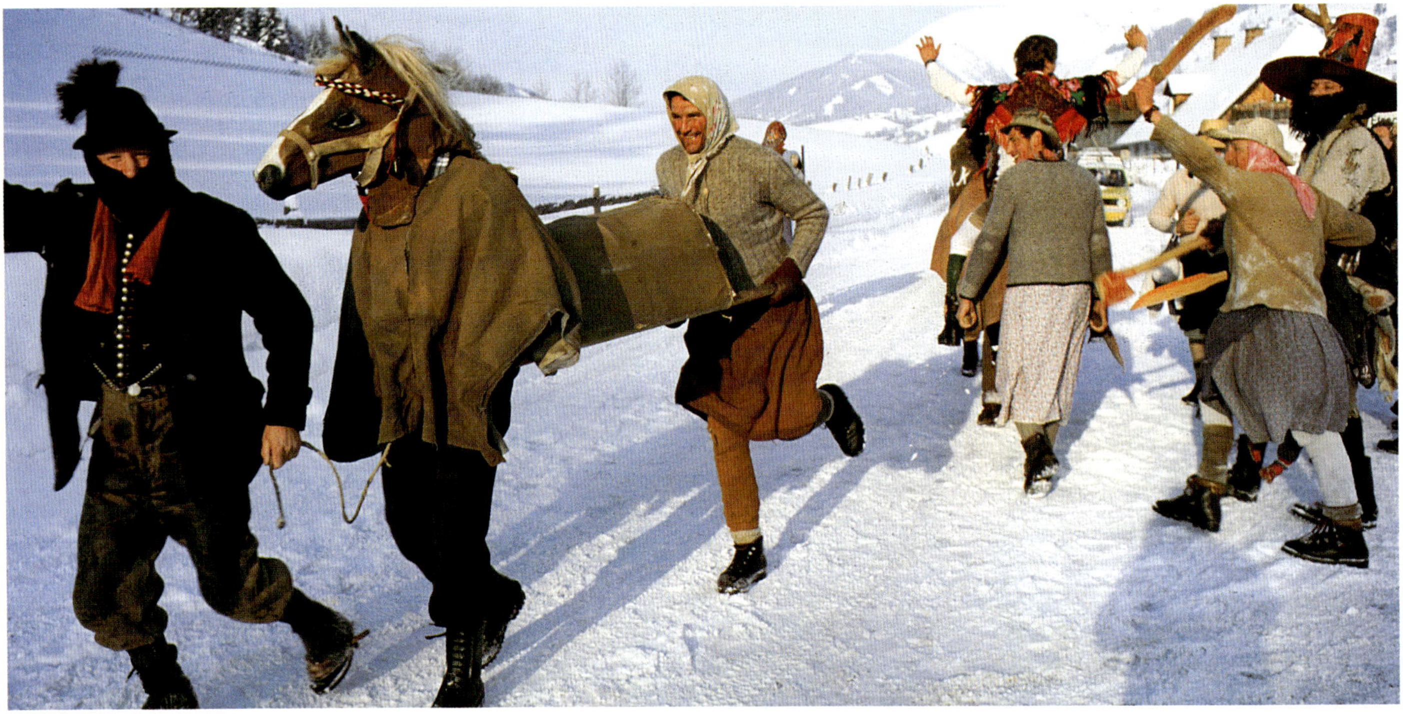

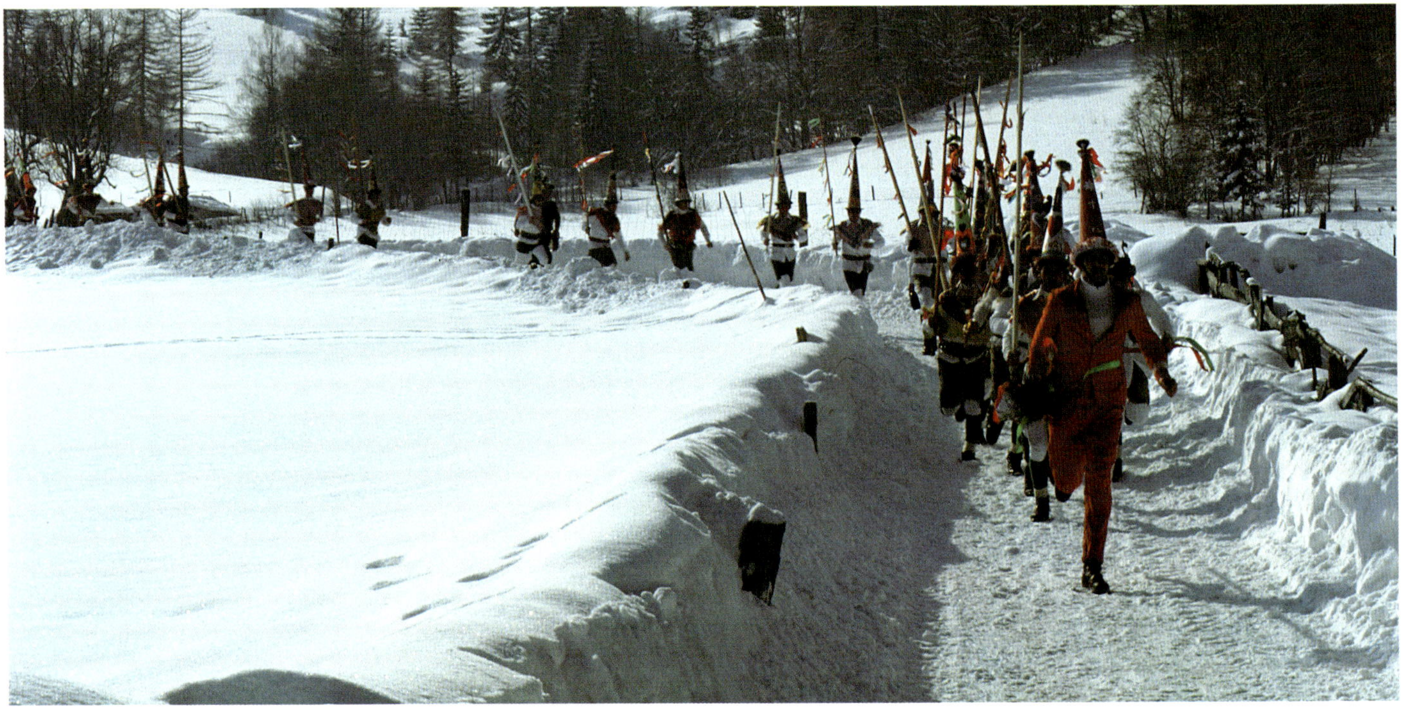

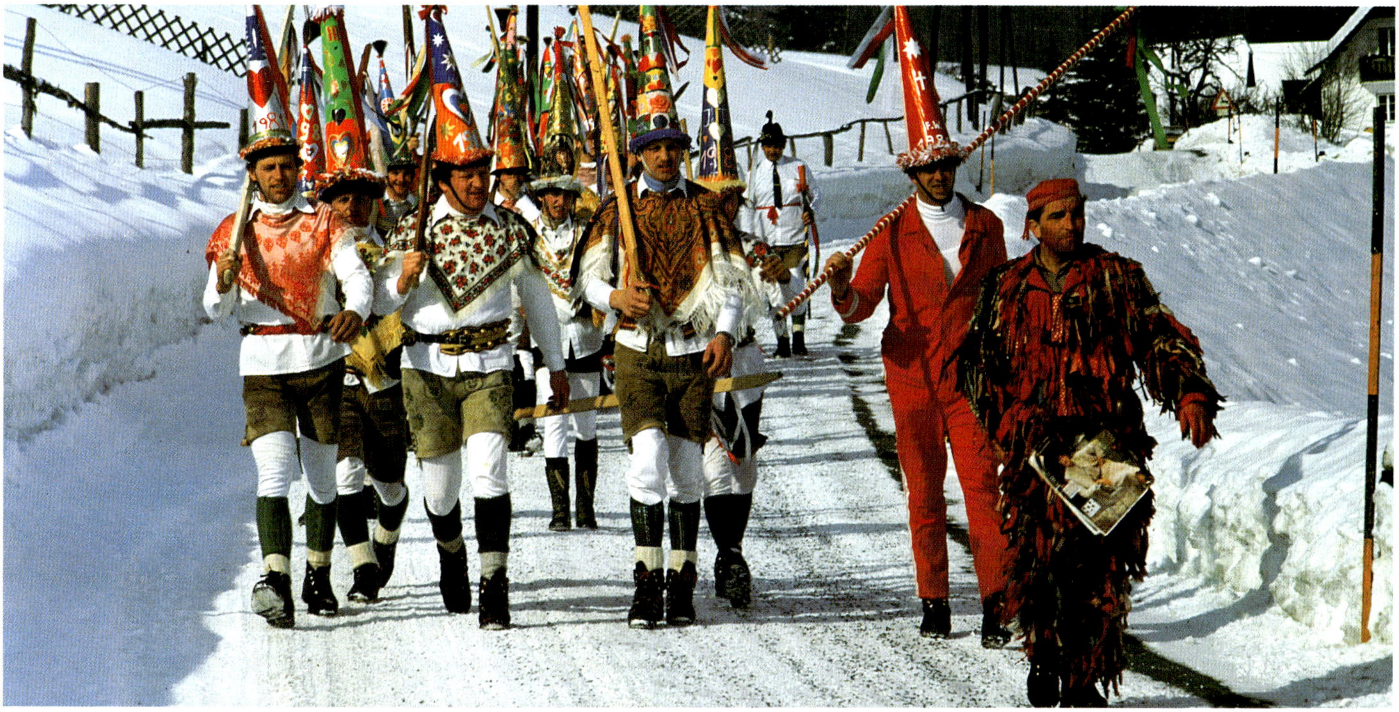

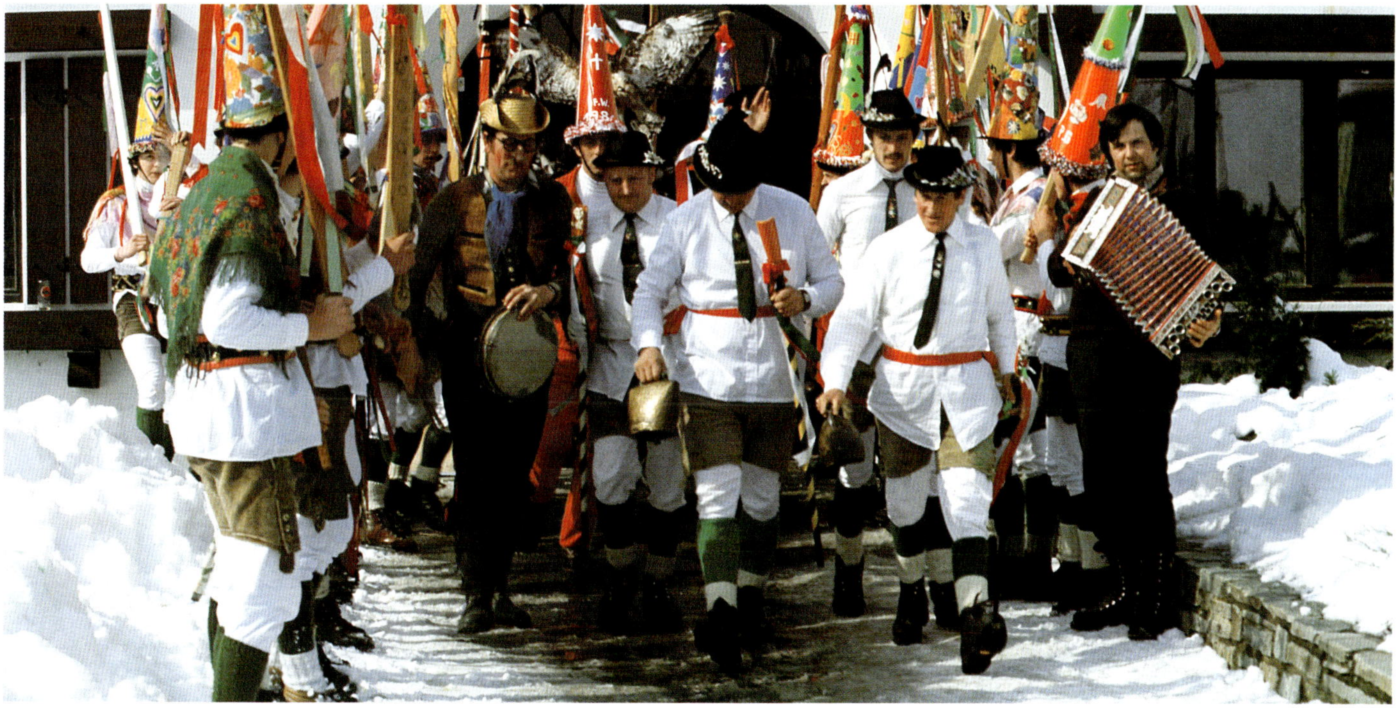

Seite 39. Oben: Als Weggefährte des Wegauskehrers fungiert der „Rote". Unten: Auszug der Musik. Zur Unterstützung der steirischen Tänze wird die Musik durch die diatonische Ziehharmonika verstärkt. Seiten 40 und 41: Und immer wieder: das Kranzl. Seite 42. Oben: Der „Rote" spannt die Kette, die der Wegauskehrer mit Hilfe seines langen Besens überwinden muß. Links: Sobald der Wegauskehrer auf der Kette sitzt, darf der Faschingszug unten durchrennen und wird im Gasthof Hornwirt in Seebach auf das vortrefflichste verköstet. Unten: Mit von der Partie ist der „Hühnergreifer".

Seite 43. Oben: Nach dem Verkauf des Rosses verreckt dieses, worauf es der Schinder mit dem blutroten Messer zerteilt. Dann sagt der Händler zum kaufenden Bauern: „Was liegt, g'hört dein; was steht, g'hört mein." Dabei springt der Schimmel wieder auf, und das Rennen beginnt aufs neue.

Seite 44: 800-Jahr-Feier von Schöder im Jahre 1981.
Seite 45: Im Festzug wurden alle Handwerke dargestellt, so auch das Müllerhandwerk.
Seite 46: Die Freiwillige Feuerwehr vor ca. 100 Jahren.

Seite 47 und 48: Fahnenschwingen in Ranten anläßlich des Kirchweihfestes des heiligen Bartholomäus jeweils Ende August. Die Uniformen der Prangschützen sind auch hier französischen Ursprungs. Die Schützen feuern Ehrensalven, die sogenannten „Generaldechargen" ab.

Die Krakau – von Anbeginn

Die topographische Entwicklung und die Besiedlung des Krakautales

Nach vielen geologischen Wandlungen, die unsere heutigen Gebirgsformationen schufen, kam eine Eiszeitperiode, welche die Niederen Tauern und Murauer Alpen bis herab zum Talboden mit Gletscherfirn füllte. Als dann eine Warmperiode das Gletschereis im Preber- und Sölkermassiv zum Schmelzen brachte, grub das abschießende Wasser unsere heutigen Talmulden, die zunächst in Sümpfe und Seen verwandelt wurden. Das gesamte Krakautal war ein strömendes Seengebiet. Die Wässer brachen am Geißruggen in das Rantental aus und ergossen sich in das dortige Seebecken ("Seebach – Seetal"), dessen Abfluß dann die wilde Schlucht gegen Murau aushöhlte. Auf diese Weise entstand auch die Preberklause mit dem Preber- und Rantenbach und dem noch heute schaurig öden Etrachgraben. Beim allmählichen Zurückweichen der Gletscherzone verschob sich auch die Waldgrenze wieder nach oben und wurden die sonnigen Leiten frei, die dem siedelnden Menschen Weide, Wald und Fruchtboden gaben. An den Bach- und Flußrändern entstanden die ersten Fuß- und Karrenwege zu den Gebirgseinschnitten ("Törln") hin, die talverbindenden Saumwege (Prebertörl, Rantentörl, Hubenbauerntörl, Schimpelscharte u. a.).

Die Besiedlung dieses wald- und wildreichen Hochtales mit seinen fetten Almweiden und dem Edelerzvorkommen reicht tatsächlich in die vorgeschichtlichen Zeiten zurück. Das beweist die hier aufgefundene Pflugschar aus der Steinzeit, da man noch keine Eisen- oder Kupfergeräte kannte, sondern mit Beinnadeln nähte, mit dem Knochenschaber das Fleisch ablöste, mit glatten Steinbeilen die Bäume fällte und zerspaltete, mit steinernen Pflugscharen den gebrändelten Humusboden umbrach.

Unsere steinerne Pflugschar (jetzt eine Zierde des Grazer Joanneums) besteht aus Grünschiefer, ist 25 cm lang und glattgeschliffen. Sie hat gewölbte Seitenflächen und ragt 7 cm über der glatten Durchlochung empor, durch die der Baststrick für den Zug lief. Der hölzerne Sterz zur Handhabung des Pfluges ist natürlich nicht mehr vorhanden. Für die Durchlochung wurde der Stein glühend gemacht, die bezügliche Stelle mit Wasser abgekühlt (wie noch lange beim Bergbau vor Erfindung des Sprengpulvers) und dann vielleicht mit einem Rundknochen, dessen Öffnung mit Quarzkörnern besteckt war, mühsam durchbohrt.

Demnach gab es schon zur Steinzeit auch im Krakautal vereinzelte Siedlungsstätten von Holzfällern, Wildjägern (die mit Steinspitzen besteckte Bogenpfeile abschossen und Speerpfähle warfen) und Viehhaltern, die sich auf den Leiten Garten- und Ackerland brändelten und den Humusboden mit Brandkorn, Hafer und Gerste bebauten. Um 1800 v. Chr. setzt man den Beginn der Bronzezeit an, in der man bereits Kupfer und Zinn für Geräte und Waffen in Verwendung nahm. Wie an der sonnigen Lungauer Seite der sogenannten Zinkwand dürfte man auch im Prebermassiv das Metall geschürft haben. Die Eisen- oder Hallstattzeit, etwa 800−400 v. Chr., führt uns bereits in die geschichtliche Epoche der alpenländischen Noriker mit der Hauptstadt Noreia. Die einheimische norische Bevölkerung verschmolz dann mit den keltischen Tauriskern, die um 225 v. Chr. von der Poebene in unsere Alpenländer eindrangen. Um 16 v. Chr. eroberten die Römer das „norische Königreich" und behaupteten es bis zur gewaltigen Völkerwanderung, die in Norikum bis 600 n. Chr. dauerte und auch die Lungauer Völkerstraße stark belebte. Die überraschend frühe Besiedlung des Krakautales erklärt sich aus der Nachbarschaft der uralten Lungauer Straße, wohin die Preberklause führt, und aus der Paßverbindung mit dem Ennstal, das von der römischen Pyhrnstraße und der Ausseer Salzstraße durchkreuzt wird. Die Ausmündung des Krakautales nach Schöder und Ranten stellt die Verbindung mit dem gleichfalls uralten Sölkpaßweg und dem Kärntner Maurischen Saumweg „über dem Hofwald" her. So mag schon seit uralten Zeiten so mancher Kraxenträger, Pelz- und Häutehändler, Holz- und Viehkäufer unser Hochtal durchwandert haben. Auch ist die Abwanderung der Lungauer in das steirische Nachbargebiet bis in die neueste Zeit herein charakteristisch. Auch die Namensgebung Krakautal stammt aus dieser Zeit der eingewanderten Alpenslawen („Leßach", "im Moos bei Lesach", les/loza = Wald oder laz = Rodung). Es heißt in alten Kirchenrechnungen von 1575 bis 1618: „St. Oswalds Gotteshaus zu Lesach im Graggatal" – auf deutsch „im Wald oder Greit (Rodeland) des Bergbauerntales".

Die Christianisierung der Gegend erfolgte vom Lungau, von Maria Pfarr aus. Ganz Obersteiermark gehörte bis 1786 zur salzburgischen Diözese „jenseits des Tauern".

Um 799 wurde die Einrichtung und der Bau von Taufkapellen angeordnet. Diese enthielten ein 60 cm tiefes Becken mit Stufen, wo einmal im Jahr die Taufe an Erwachsene erteilt wurde.

Sicherlich gab es eine solche auch in Ranten – der ältesten Kirche der Gegend. Wahrscheinlich war es zuerst eine hölzerne Taufkapelle, aus der die spätere Kirche entstand. Einer der ersten „Kirchherren" war der Edle von Vollfrein Dietmar von Lungau (Ditmarus nobilis de Lungaviense) oder „von Dornberg" um 1110. Er und seine Vorfahren hatten einen Wohnsitz nahe der Kirche. Dieses Gut wurde dem salzburgischen Erzbischof übergeben. Dietmars Stammsitz war Grafendorf bei Klagenfurt.

1121 wurde aus der Eigenkirche des Dietmar zu Ranten eine vollwertige erzbischöfliche Pfarrkirche mit Tauf- und Begräbnisrecht und kirchlicher Gerichtsbarkeit. Zugleich bestimmte man Ranten zur Hauptpfarre für das Ranten-, Schöder-, Katsch- und Krakautal.

Als um 1228 das Bistum Lavant entstand, dotierte es der Salzburger Erzbischof auch mit der Pfarre Ranten. Der Lavanter Bischof setzte einen Vikar ein. Dieser Titel blieb dem Pfarrer bis 1750.

Auch später blieb das Bistum Lavant der Patron. Hingegen hörte die Pfarre Ranten auf, Hauptpfarre zu sein, und zwar mit der Gründung der selbständigen Pfarren und Vikariate zu St. Ulrich in Krakaudorf 1756 und Maria in Schöder 1786. Die Geschichte dieser Landschaft ist aber in jedem Fall mit dem Bauernstande aufs engste verbunden.

Seite 51: Die Römerstraße über den Sölkpaß ist auch heute noch teilweise zu sehen.
Seite 52. Oben: Römersteine, eingemauert im Pfarrhaus von Ranten. Unten: Nachbildung des prähistorischen Pfluges unter Verwendung der ursprünglichen Steinpflugschar. Aus dem Grazer Joanneum. Gefunden in der Krakau.
Seite 53: St. Cäcilia, die älteste Kirche des Bezirkes Murau, gelegen im Murtal bei Bodendorf.

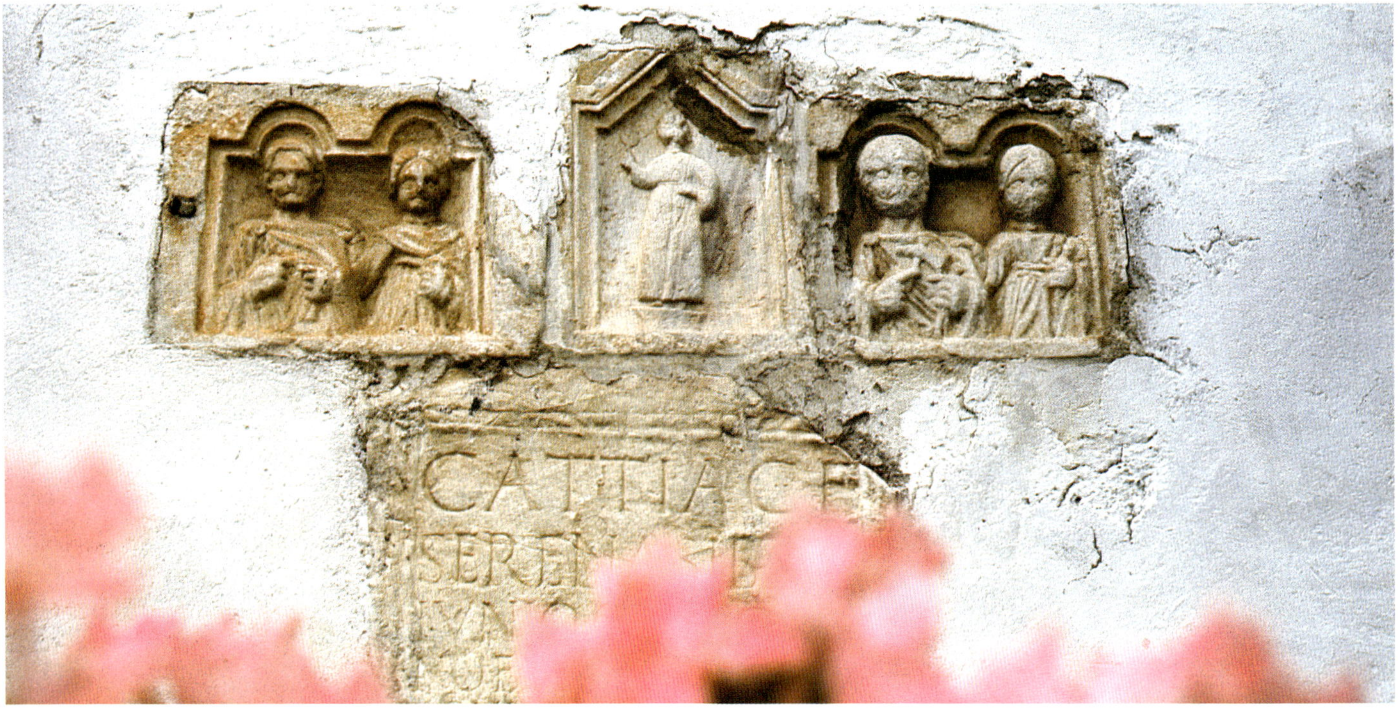
CATTIA CE

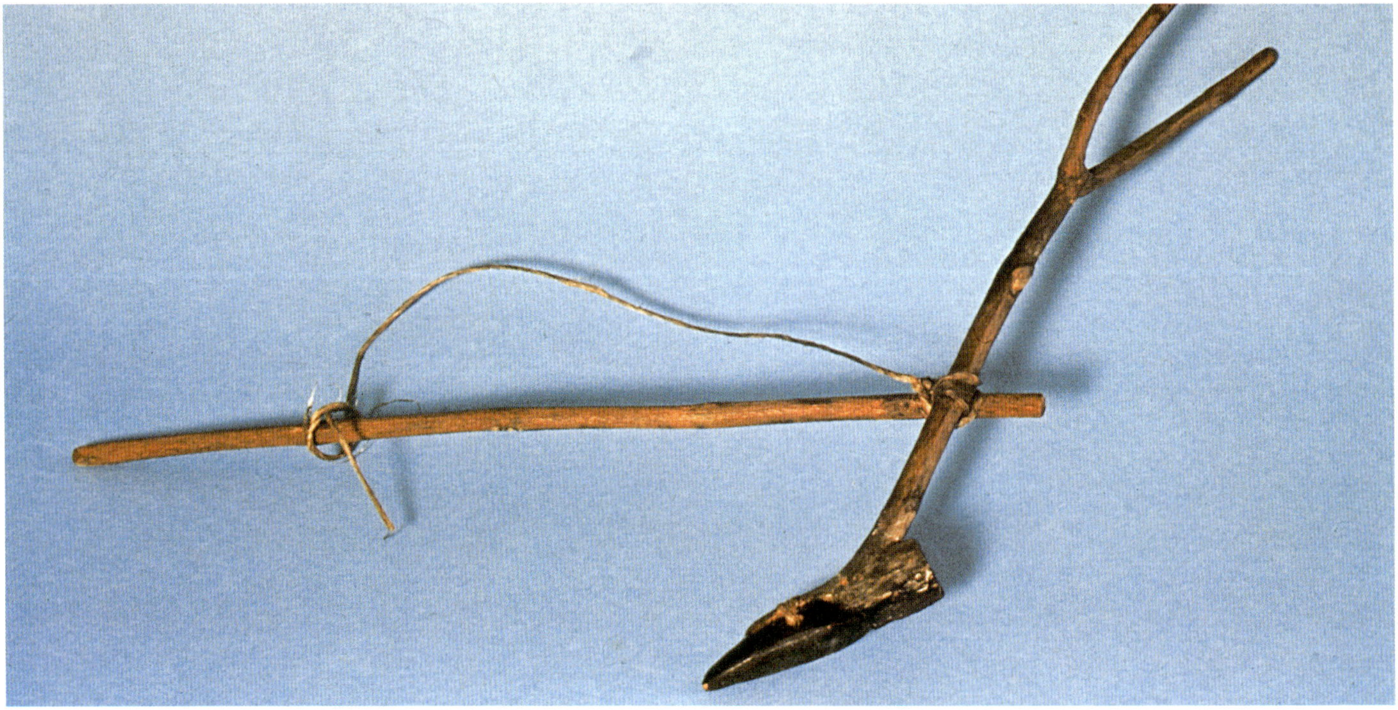

Über die bäuerlichen Kulturverhältnisse

Um 1300 waltete der kärntnerische Graf Walter von Sternberg als Lehensherr in unserem Tale. Die Lehensnehmer und unmittelbaren Grundherren waren die Liechtensteiner und die mit ihnen versippten Goldecker (von Salzburg stammend). Am 5. Juni 1304 aber verkaufte „grave Walther von Sternberg" dem Salzburger Erzbischof Konrad „all seine Mannschaft oberhalb Muraw", und zwar „die Mark Gult um eine Mark gewogenes reines Silber". Somit ist seit 1306 der Salzburger Erzbischof auch Lehensherr in Krakautal, von dem nun „Herr Otto von Liechtenstein und die Goldecker" ihr Lehen empfangen mußten. Aber er blieb es nicht lange, denn schon bald beanspruchte der Graf von Ortenburg, dem Sternberg zugefallen war, die Lehensherrlichkeit. Und tatsächlich empfing 1320 der Wülfing Welzer (auf Schloß Feistritz) das „Schwaigergut" in Krakau vom Ortenburger Lehen, das aber rechtens zum Schloß Katsch gehörte und vom Salzburger Erzbischof verliehen werden mußte. Als um 1443 die den Grafen von Cilli anheimgefallenen Sternberger und Ortenburger Grafschaften an den späteren Kaiser Friedrich III. kamen, wurden auch die bezüglichen Lehen in der Krakau kaiserlich, und die Salzburger Herrschaft verschwindet in unserem Tale völlig bis auf das sogenannte Fegelgut (Krakaudorf Nr. 15), das noch 1823 zur salzburgischen Gutsherrschaft Baierdorf gehörte.

Um 1480 kamen die Türken, zogen gegen Schöder und St. Peter am Kammersberg und beraubten die Kirchen. Selbstverständlich litt auch das Krakautal unter den blutigen Fehden zwischen den Habsburgern und dem geistlichen Fürstentum Salzburg, besonders um 1480, als Salzburg gegen die Eingriffe Friedrichs III. die Ungarn (Matthias Corvinus) zu Hilfe gerufen hatte.

Die Kaiserlichen fielen im Lungau ein, hielten den Turm in Baierdorf und die Burg Klauseck in Seetal besetzt, erbrachen die Opferstöcke zu Ranten und trieben das Vieh des Rantener Pfarrers in das „kaiserliche Schloß Baierdorf" ab. Sie verbrannten Tamsweg und Mauterndorf im Lungau, worauf die Salzburgischen durch die Preberklause in das Krakautal einbrachen und daselbst mit den kaiserlichen Söldnern und liechtensteinischen Bauern zusammenstießen, die von Murau über Seebach vorgedrungen waren (1481).

Als in der Folge die Ungarn in die Stadt Murau einzogen, stieg die Bedrängnis der Bauernschaft noch mehr — sie wußten nicht, wem sie dienen sollten — den Ungarn oder dem Kaiser. Die Ungarn blieben bis 1490 im Lungau.

Seite 55: Typischer Bauernhof, Schaflechner, auch „Himmelbauer" genannt, in Krakaudorf. Es ist der zweithöchste Bauernhof in der Steiermark. Der höchstgelegene Bauernhof befindet sich in der benachbarten Krakauebene.
Seite 56. Oben: Schöner Hof in Krakauebene. Unten: Abgerissene Mühle im Mühlbachgraben.
Seite 57: Bergbauernmahd. Aufgrund des steilen Geländes wird noch viel mit der Hand gemäht.

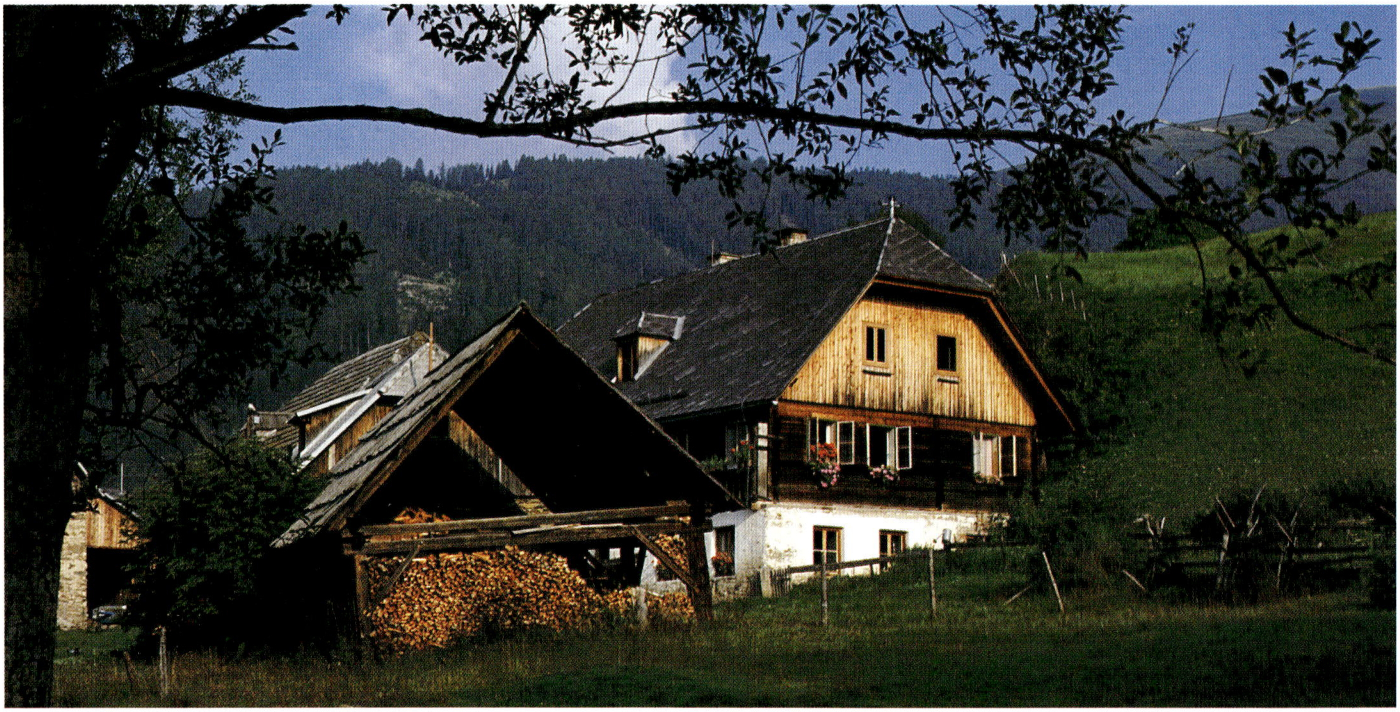

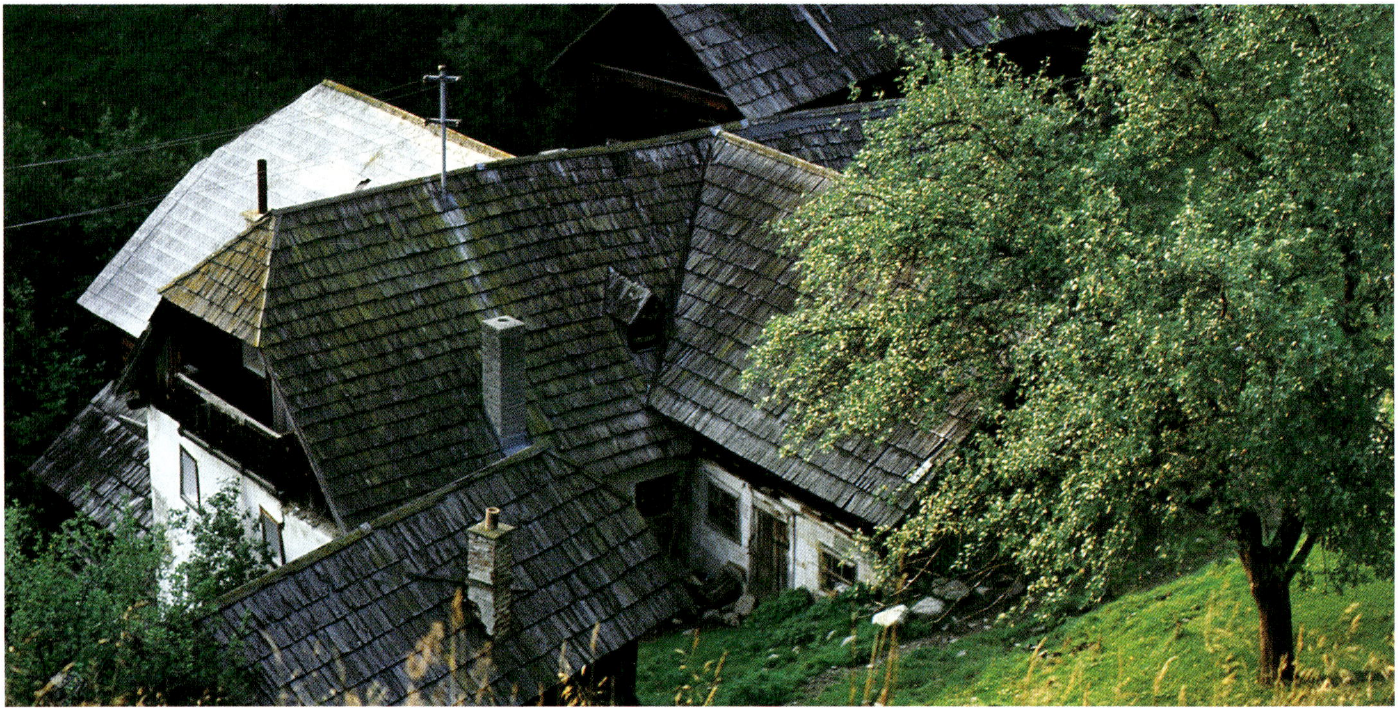

Nicht nur die „großen Bauwerke" dieser Gegend strahlen viel Kunstsinn aus. Nein, auch jeder alte Bauernhof zeugt von der Gabe der Urahnen, ihn richtig in die Landschaft zu stellen und mit dem richtigen Material zu erbauen. Dies wurde auch im 20. Jahrhundert erkannt, so daß ein Bauernhaus dieser Landschaft in das österreichische Freilichtmuseum in Stübing übertragen wurde.

Seite 58: Bauernhaus vulgo Wallner in Krakauschatten. In der Fernsehserie „Die Leute von St. Benedikt" ist es das Bürgermeisterhaus „Buchegger".

Auch am leidigen Bauernkrieg 1525 hatte die Krakau ihren Anteil. Er tobte im Mur- und Ennstal sowie im Lungau. „Die Stadt Murau und andere Flecken" waren in der Gewalt des lungauischen Aufrührers und vom Bauernhauptmann Alexander Zegermeister beherrscht. Damals blühte hier der Bergbau, und so hatte sich „die Bauernschaft von Schladming, Krakau, Stadl und Murau zu den salzburgischen Erzknappen geschlagen und sich wider den Adel und die Geistlichkeit an der Enns zu Feld gelegt". Der Bauernkrieg zu Schladming endete am 3. Juli 1525 mit drakonischer Bestrafung der Verführten, während die Führer sich rechtzeitig verdrückten oder gar gegen die Bauern kämpften.

Eine mehr lokale Bedeutung hatte die „Tabakrevolte" von 1714 mit dem Bauernmarsch nach Murau, wegen der der Trattenbauer Simon Schwaiger aus Ranten hätte enthauptet, sein Leib geviertteilt und auf vier Schnellgalgen beim Rotgassentor genagelt werden sollen.

Der Tabakschmuggel blühte damals an der Seetaler- und Preberklause, wo die kaiserlichen Mauteinnehmer den Zoll gegenüber dem geistlichen Fürstentum Salzburg scharf bewachten. Bei den Bauern war der Tabak sehr begehrt, und das wußten die sogenannten „Tabaküberreiter" (Zollorgane), die der männlichen Bevölkerung Fallen stellten. Es wurden auf der Straße zahlreiche Päckchen des verbotenen Tabaks ausgelegt, um die des Sonntags in die Kirche gehenden Bauern zu verleiten, sich des Tabaks zu bemächtigen. Tatsächlich nahmen sie arglos den auf der Straße herumliegenden Tabak auf, wurden aber alsbald von den hinter Gebüschen lauernden Zöllnern gestellt und des verbotenen Tabakbesitzes beschuldigt. Man brachte die Bauern nach Murau, wo sie vom Tabakkommissär „um vieles Geld gestraft" wurden. Darüber herrschte natürlich unter der Bevölkerung große Verbitterung, und so zogen die Schöderer, St. Peterer, Rantener, St. Ruprechter und Krakauer mit Beilen, Dreschflegeln und Prügeln nach Murau. Zunächst attackierten sie die Frau des Stadtrichters und zogen dann zum sogenannten „Bichlwirt", wo sie die Einrichtung vollkommen demolierten. Da der Tabakkommissär ins Kapuzinerkloster flüchtete, marschierten die aufgebrachten Bauern zum Schloß Murau und begehrten Strafgelder zurück. Der Oberverwalter der Herrschaft Schwarzenberg überlistete aber die Bauern, da er sich der zahlenmäßigen Überlegenheit seiner Widersacher nicht gewachsen sah. Die Bauern erpreßten acht Gulden, und der Verwalter ließ ihnen genügend Wein und Brot reichen und verhieß ihnen alle Gerechtigkeit und die Rückgabe der erlegten Strafgelder. Der Wein tat seine Wirkung, und so zogen die anfangs noch sehr erbitterten Bauern wieder ab.

Die Beulenpest oder der „schwarze Tod", eingeschleppt durch ungarische Söldner, hielt in der gesamten Gegend reiche Ernte. Schon im Jahre 1714 war St. Peter am Kammersberg von der Seuche heimgesucht worden, und fast gleichzeitig, im Frühjahr 1715, begann das Sterben in Schöder und Ranten. Wohl hatte man vorbeugende Maßnahmen gegen die Verschleppung dieser todbringenden Krankheit ergriffen. Es wurden Brücken abgerissen, Wege durch Militärposten bewacht und auch der Saumweg über den Sölkpaß ins Ennstal gesperrt, doch alles war nutzlos. Die Zahl der Sterbefälle stieg von Woche zu Woche.

Das Pestjahr 1715 raffte in der Hauptpfarre Ranten 857 Personen, also ein Viertel der Bevölkerung, hinweg! Ansonsten aber erreichten die „wetterfesten Graggober" nicht selten ein hohes Alter um 100 Jahre!

Seite 61 bis 63: Pferdemarkt in Schöder. Einer der wichtigsten Pferdemärkte in der Steiermark, jeweils im August. Noch bis vor wenigen Jahren wurden hier die Geschäfte nach regem Handeln mit Handschlag besiegelt. Nunmehr wird auch in Schöder, wie auf den anderen Pferdemärkten, versteigert. Es werden hauptsächlich Pferde der Noriker-Rasse gehandelt. Die Hengste sind Bundeseigentum, Stuten und Fohlen im Besitz der Bauern, damit wird die Rassereinheit bewahrt.

Das Liechtensteinische Gericht zu Ranten

Protestantismus und Gegenreformation

Als Folge des Grundsatzes „Gibt mir nicht Gott das Begehrte, so soll es mir der Satan bringen!" endete im Mittelalter Aberglaube, Hexerei und Zauberei oft vor den Gerichten. Das Landgericht Murau bestand, entsprechend den beiden Mutterpfarren St. Georgen ob Murau und Ranten, noch im 16. Jahrhundert aus zwei Schrannenbezirken: dem Landgericht „bei der Mur" und dem „Gericht zu Ranten".

Das gemeinsame Hochgericht an der Ranten, eine halbe Gehstunde nördlich von Murau, steht noch samt dem Schinderhaus. Man sieht die drei charakteristischen Pfeiler im Dreieck („Schusterbein"), die durch eine im Bogen gezogene Einfassungsmauer verbunden sind. Die Pfeiler trugen das Galgengerüst, wo zumeist die Köpfe der Hingerichteten angenagelt wurden, und das Rad, mit dem z. B. im Jahre 1581 der in Feistritz aufgegriffene Massenmörder Hans Maller hingerichtet, „sein Körper auf das Rad gelegt" wurde. Das Landgericht ging dann in das Stadtgericht „Ober-Murau" über. Seit 1617 war es im Besitz des Reichsgrafen und späteren Fürsten von Schwarzenberg. Dieses Geschlecht gründete um 1643 das heutige Kapuzinerkloster in Murau. Eng mit dem Bauernstande verbunden ist die tiefe Gläubigkeit der Krakauer Bevölkerung.

Um 1553 hatte der protestantische Vogtherr Otto VII. von Liechtenstein den Pfarrer Martin Zeiller, den Vater des gleichnamigen berühmten Geographen, in Ranten eingesetzt. Zeiller, 1527 geboren, wirkte hier als Seelsorger von 1553 bis 1600. Er hatte an den protestantischen Schulen Deutschlands studiert, war Melanchthons Schüler zu Wittenberg gewesen und hatte seine Studien in Leipzig abgeschlossen. Zeiller ließ sich aber dennoch zum katholischen Priester weihen und vom Salzburger Erzbischof anstellen. Er war also anfangs Geheimprotestant; später trat er offen zum Luthertum über. In erster Ehe war er mit der Tochter des Murauer Bürgers Hans Dreyer vermählt. Nach deren Tod heiratete Zeiller die aus Preußen eingewanderte Margareth Ungrath, eine verwitwete Hirzmann. Dieser zweiten Ehe entstammte der am 17. April 1589 zu Ranten geborene und später als Geograph berühmte

Seite 65: Protestantisches Fresko, entstanden zwischen 1560 und 1570 an der Außenseite der Kirche von Ranten. Darstellung des Lebensbrunnens Christi. Auf der obersten Schale des dreischaligen Brunnens Christus, in der nächsten die Propheten; aus der untersten Schale beugen sich die Apostel. Sie halten Kelche in ihren Händen.

Martin Zeiller (d. J.), dessen Arbeiten auch für die Steiermark von besonderer Bedeutung sind.

Die Pfarre Ranten und ihr Seelsorger hatten sich um die Mitte des 16. Jahrhunderts – der allgemeinen Situation entsprechend – dem evangelischen Glauben zugewandt. Daß aber der eigentliche Pfarrherr von Ranten, Bischof Philipp zu Lavant, als Lehensinhaber erst nach 32 Jahren Martin Zeiller d. Ä. zur Verantwortung zog, hat seinen Grund in der allgemeinen innenpolitischen Lage, der Macht der evangelischen Landstände und darin, daß die Abgaben nach Lavant stets pünktlich geleistet wurden, nach außen hin der Schein einer katholischen Pfarre gewahrt blieb und auch die alte Pfarrverfassung beibehalten wurde.

Unter dem Einfluß Martin Zeillers d. Ä. entstanden auch die Fresken an der Außenseite der Pfarrkirche zu Ranten. Durch die von Erzherzog Karl von Innerösterreich eingeleiteten gegenreformatorischen Maßnahmen bestärkt, leitete der Lavanter Bischof Georg Stobäus die ersten Aktionen zur Wiederkatholisierung Rantens ein. Er forderte Zeiller auf, entweder sich dem katholischen Glauben zuzuwenden oder eine neue Pfarre zu suchen. Martin Zeiller wandte sich hierauf sofort an Anna Neumann, die evangelische Schloßherrin von Murau, mit der Bitte, ihm als Vogtobrigkeit Schutz zu gewähren. In einer an die Landschaft in Graz gerichteten Beschwerdeschrift wies Anna Neumann darauf hin, daß nicht nur sie, sondern auch die ganze Pfarre Ranten mit dem derzeitigen Pfarrer zufrieden sei und er daher bleiben solle. Durch diese Intervention konnte Pfarrer Zeiller bis zum Jahre 1600 in seinem Amte in Ranten verbleiben. Erst nach dem Einsetzen der Gegenreformation unter Erzherzog Ferdinand II. (1578–1637) gelang es, die Pfarre Ranten und damit die ganze Umgebung wieder zum katholischen Glauben zurückzuführen. Der damals 73jährige Martin Zeiller war einer der sieben vertriebenen Pfarrer und zog mit Weib und Kind zunächst nach Regensburg und um 1602 nach Ulm, wo er im Jahre 1609 82jährig starb.

Sein gleichnamiger Sohn Martin Zeiller d. J., „der Einäugige", im Jahre 1589 geboren, besuchte die Volksschule in Murau und studierte schließlich an deutschen Universitäten. Er verwendete einen Großteil seines väterlichen Erbes für Forschungsreisen und war dann als Hofmeister längere Zeit im Dienste des Grafen von Tattenbach und des Freiherrn von Galler. Zeiller kehrte 1629 nach Ulm zurück und betätigte sich dann fast ausschließlich mit der Abfassung von geographischen und topographischen Werken, die in Matthäus Merian in Frankfurt am Main vom Jahre 1637 an einen verständnisvollen Verleger fanden. Das bedeutendste Werk unter den nahezu 50 Bänden, die Martin Zeiller d. J. herausbrachte, ist die im Jahre 1649 veröffentlichte „Topographia provinciarum Austriacarum", die auch für die steirische Landesgeschichte von großem Wert ist.

Doch zurück zur Herrschaft Murau. Am 25. Juli 1617 heiratete der katholische Hofkavalier Georg Ludwig Graf von Schwarzenberg, der 30 Jahre alt war, die 82jährige und fünfmal verwitwete Protestantin Anna Neumann. Dadurch kam Murau in katholische Hände, und die Protestanten verloren ihre Stütze. Anna Neumann starb im Jahre 1623 im Alter von 88 Jahren.

Seite 67: Anna Neumanin von Wasserleonburg (Gemäldeausschnitt). Sie war zweifellos eine außergewöhnliche Frau, die es verstand, für sich und ihre Untertanen den Besitz zu mehren. Als Protestantin heiratete sie mit 82 Jahren in ihrer sechsten Ehe den katholischen Reichsgrafen Georg Ludwig zu Schwarzenberg. Anna Neumann starb am 18. Dezember 1623 im 88. Lebensjahr.

Die Franzosenzeit

Das Gotteshaus zu St. Oswald in Krakaudorf

Unser gesamter Landstrich wurde auch von den Beschwernissen der französischen Besetzung um 1800 nicht verschont. Napoleon zog von Oberitalien über Kärnten nach Friesach, siegte bei Einöd und rückte am 3. April 1797 in Neumarkt ein. Auf ihrem weiteren Vormarsch erreichten die französischen Truppen zwei Tage später Murau, von wo sie auch in die Seitentäler der Mur vorrückten. Der „Hanslthoma" in Rinegg mußte im Namen der Gemeinde zwei Ochsen für die Franzosen liefern. Beim „Hubenbauer" in Tratten wurde der 39jährige Martin Reßler am 21. April 1797 von französischen Soldaten erschossen. Der „untere Reisner" in Rinegg starb am 9. April 1797 „aus Furcht und Schrecken vor den französischen Räubern", und schließlich ist in den Sterbematriken der Pfarre Ranten noch der Tod eines erst 19jährigen österreichischen Soldaten, Andreas Gottfried aus Böhmen, vermerkt. Er starb am 15. April 1797 beim vulgo Mang in Freiberg.

Als die Franzosen im Jahre 1801 zum zweiten Mal nach Murau kamen, hatte auch die Bevölkerung des Rantentales unter den harten Forderungen der Besatzungstruppen wiederum arg zu leiden. Die Bauern der Krakau waren von den Franzosen so sehr beeindruckt, daß sie ihre Uniformen in die volkstümlich-kirchliche Tradition aufnahmen.

Schon 1427 heißt es urkundlich: „Im Krakau zu St. Oswald im Dorf". Der gotische Bau der Kirche fällt in die Zeit von 1480 bis 1534. Die Türkengefahr, vielleicht auch die Verwüstung durch die Türken, die 1480 „die Kirchen zu Schöder und St. Peter am Kammersberg beraubten", veranlaßte zuerst den Bau des massiven Kirchturmes mit 6,5 m im Geviert und ca. 1,5 m Mauerdicke; er ist wie jener zu Schöder in der Südwestecke der Kirche eingebaut. Ein hoher spitzbogiger Eingang führt in die Glockenkammer, die seit 1937 in eine Kapelle umgewandelt ist. Hier besteht noch das gotische Sterngewölbe mit den an den Diensten aufstrebenden Steinrippen, die jetzt neu gefärbelt sind. Das hohe gotische Südfenster mit der Maßwerkanlage wurde neuestens ebenfalls wieder freigelegt. Auch heute noch steigt man über den Musikchor durch eine spitzbogige Maueröffnung in den Turm, der früher in einem vierseitigen, spitzen Helmdach abschloß. Das jetzige Obergeschoß mit der Zwiebelkuppel stammt erst aus dem 18. Jahrhundert.

Seite 69: Gotischer Kirchturm mit barockem Helm der Kirche St. Oswald in Krakaudorf. Bauzeit von 1480 bis 1534. Bei der Renovierung im Jahre 1992 wurden gotische Freskenbänder freigelegt.

68

Wegen Geldmangels konnte erst der Sohn von Niklas von Liechtenstein, Otto VI., den gotischen Bau unserer Kirche um 1534 vollenden.

Die Strebepfeiler fehlen ganz und waren leicht entbehrlich wegen des Holzplafonds, der noch immer Bewunderung findet. Statt der sonst üblichen gotischen Bretterbemalung füllen hier quadratisch geformte, flache Kassettenfelder, durch bemalte Leisten voneinander getrennt, die gesamte Deckenfläche – zehn geometrische Felder in 12 Reihen, zusammen 120 Malfelder, die sich alle voneinander unterscheiden. Auf dunklem Grund innerhalb lichter Streifen erscheinen doppelfarbige Kassetten in Zeichnung und Farbe der mittelalterlichen Manier. Das 4. Feld der zweitvordersten Reihe epistelseitig enthält statt der Kassette das Wappen der Liechtensteiner – zwei schwarze Schrägbalken in Weiß und das Baujahr 1534 in gotischer Schrift. Für die Decke wurden schon Unsummen geboten – jedoch ist sie unveräußerlich.

Der frühbarocke Hochaltar von 1656 befindet sich nun in der 1881 erbauten Kapelle in Unteretrach (Gehöft Fortner). Das Altarblatt zeigt den Pfarrpatron St. Oswald. Aus der obersten Wolke des Altaraufsatzes herab steigt der sogenannte „Steirische Herrgott": ein schwarzbärtiger Mann mit Heiligenschein im Altsteirerkostüm (langer grüner Joppenrock, rote Hosenträger über der am Knie zusammengebundenen Lederhose und blaue Strümpfe); in der Rechten hält er einen Heurechen. Diese übermalte Holzfigur stellt den hl. Bauersmann Isidor dar.

Beim Ausbau der Oswaldi-Kirche, und zwar des Presbyteriums (Hochaltarraums), um 1762/64, wurden die damaligen Gesamtkosten des Umbaues mit 1010 fl 39 kr (das entspricht dem damaligen Kaufwert von 100 Kühen) verrechnet. Den heutigen Hochaltar von 1776 im spätbarok-ken bzw. klassizistischen Stil schuf der Tamsweger Bildhauer Johann Georg Pult, der auch die Altäre der Pfarrkirche zu Tamsweg lieferte.

Das ursprüngliche, aber wieder entfernte Altarblatt stammt von Mathias Puchler, Malergesell zu Murau. Erst 1803 wurde der neue Hochaltar vom Murauer Kunst- und Freskenmaler Johann Lederwasch gefaßt und vergoldet, so wie er sich jetzt wieder unserem Blick darbietet.

Lederwasch war mit dem Oswaldi-Blatt von 1778 unzufrieden; er malte gemäß Inschrift 1805 das jetzige Altarblatt in bogenförmigem Rahmen. Es stellt den hl. Märtyrerkönig Oswald dar.

Die Oswaldi-Fresken im Gewölberaum des Presbyteriums von 1793 wurden 1937 restauriert. Sie sind signiert: Johann Löderwasch, Maler zu Murau, Anno 1793.

Das südliche Wandbild zeigt die Taufe des hl. Oswald, der um 604 in England als heidnischer Königsprinz zur Welt gekommen war. Der Rabe als Symbolfigur erscheint auf allen Oswaldi-Darstellungen.

Das nördliche Wandbild stellt den Martertod des Heiligen dar (5. August 642); er starb im Kampfe gegen den heidnischen Fürsten Penda, der ihm Haupt und Hände abhauen ließ.

Im Jahre 1937 begann Pfarrer Spath die Gesamtrenovierung. Am Oswaldi-Sonntag, 8. August 1937, erstrahlte die Kirche in neuem Glanze.

Ende Jänner 1942 wurden die Glocken als „Tribut des Krieges" weggebracht, aber im Jahre 1950 vier neue Glocken wieder geweiht.

Anläßlich des Bestehens „100 Jahre Pfarre Krakaudorf" wurde eine komplette Außenrenovierung durchgeführt und auch alte Freskenbänder am Turm freigelegt und restauriert. Am Sonntag, dem 21. Juni 1992, wurde der Abschluß der Arbeiten unter Pfarrer Stuhlpfarrer mit einer Messe würdig gefeiert.

Seite 71: Kassettenfelder zieren die Kirchendecke. Zehn geometrische Felder in 12 Reihen, zusammen 120 Malfelder, die sich alle voneinander unterscheiden. Links oben das Wappen der Liechtensteiner – zwei schwarze Schrägbalken in Weiß und das Baujahr 1534 in gotischer Schrift, seitenverkehrt.

Seite 72: Der frühbarocke Hochaltar von 1656 befindet sich nun in der 1881 erbauten Kapelle in Unteretrach (Fortner). Aus der Wolke steigt der sogenannte „Steirische Herrgott", im Altsteirerkostüm mit grünem Joppenrock, Kniebundlederhose und einem Heurechen in der Rechten. Diese Holzfigur stellt den heiligen Bauersmann Isidor dar.

Die Filialkirche St. Ulrich am Hollerberg

„Es dürfte schon ein romanisches Kirchlein für die ‚Jetrich'-Fahrer (Übergang in die Sölktäler) und für die hinteren Krakauer bestanden haben.

Die heutige spätgotische Ulrichskirche aber ist eine Stiftung des freisingischen Pflegers Ulrich Welzer zu Oberwölz, der um 1470−1500 durch diesen Bau sowohl seinen Namenspatron ehren als auch seinen Grundholden in der hinteren Kraukau ein eigenes Meßheiligtum verschaffen wollte. Das Rittergeschlecht der Welzer auf Schloß Feistritz bei St. Peter am Kammersberg und Spiegelfeld im Mürztal besaß um 1500 das ‚Urbaramt im Graka', womit auch das Grundstück, worauf der Etrachsee liegt, verbunden war. Die flache Holzdecke zeigt noch spärliche Reste gotischer Bretterbemalung."

Der gotische Hoch- und Flügelaltar von 1510 bis 1521 zeigt echt italienische Renaissance-Malerei. In der Predella Beweinung Christi im Schoße der schmerzhaften Madonna: Johannes stützt den heiligen Leichnam. Magdalena küßt die durchbohrte Hand, zwei andere Frauen betreuen die händeringende Gottesmutter, während aus dem romantischen Hintergrunde die Prachtgestalten des Josef von Arimatäa und Nikodemus mit den Salbgeräten nahen. In der westlichen Ecke aber kniet als frommer Teilnehmer, einen mächtigen Rosenkranz in den Händen, der Stifter („Donator") Ulrich Welzer im langen, reichen Pelzmantel mit der goldenen Ehrenkette des „hochfürstlich-freisingischen Hofkammerrates".

Der Altarschrein zeigt St. Ulrich im bischöflichen Ornat, in der Rechten den Bischofsstab, in der Linken auf dem Evangelienbuch den charakteristischen Fisch. Der hl. Ulrich, ein deutscher Edeling und Bischof zu Augsburg, weit berühmt als Glaubensheld und Ungarnbesieger, war der erste vom Papst selbst kanonisierte Heilige. Wie die Legende erzählt, hatte er einst dem gaunerhaften Herzogsboten aus Gastfreundlichkeit freitags unversehens ein Fleischstück verabfolgt. Voll Schadenfreude wies es der Bote dem Herzog vor — und siehe — das Fleischstück war in einen Fisch verwandelt! So wurde der Fisch das beständige Begleitsymbol des Bischofs.

Die inneren festen Altarflügel enthalten die schönen Tafelbilder des Apostels Andreas mit dem Querkreuz und des Christkindträgers Christophorus.

Die beiden äußeren beweglichen Altarflügel zeigen epistelseitig St. Barbara und evangelienseitig St. Katharina, zu Füßen das Marterrad.

Die Altarkrönung stellt den Gekreuzigten mit Maria und Johannes dar. Die gesamte Rückseite des Altars ist bemalt: an den Flügeln sehen wir die Pestpatrone Sebastian und Rochus, in der Mitte das Jüngste Gericht.

In der zierlichen flachen Holzdecke des Presbyteriums triumphiert noch einmal der gotische Künstler: in den 15 Längsfeldern verschiedenartige geometrische Figurenmalerei und im bunten Geranke des Mittelfeldes ein sich stets wiederholendes Schriftband mit dem Wahlspruch des Stifters „al(le)s mit Willen". Da der Stifter 1512 verstarb, vollendete sein Sohn Christoph bis 1521 den Altar und die Decke.

Seite 74: Die spätgotische Ulrichskirche.

Seite 75: Die zierliche Holzdecke aus dem Jahre 1521 besteht aus 15 Längsfeldern mit einem stets wiederkehrenden Schriftband mit dem Wahlspruch des Stifters „als mit Willen" (alles mit Willen).

Seite 76: Der gotische Flügelaltar von 1510 bis 1521, dem hl. Ulrich gewidmet. Die beiden äußeren (beweglichen) Altarflügel zeigen St. Barbara und St. Katharina, zu Füßen das Marterrad.

Seite 77. Oben: Der Altarschrein zeigt den Namenspatron des Stifters, St. Ulrich, im Bischofsornat und Bischofsstab, in der linken Hand auf dem Evangelienbuch den charakteristischen Fisch. Die Tafelbilder stellen links den Apostel Andreas mit dem Querkreuz und rechts den hl. Christophorus dar. Unten: Die Malerei der Predella veranschaulicht die Beweinung Christi; links kniet mit einem mächtigen Rosenkranz der Stifter Ulrich Welzer.

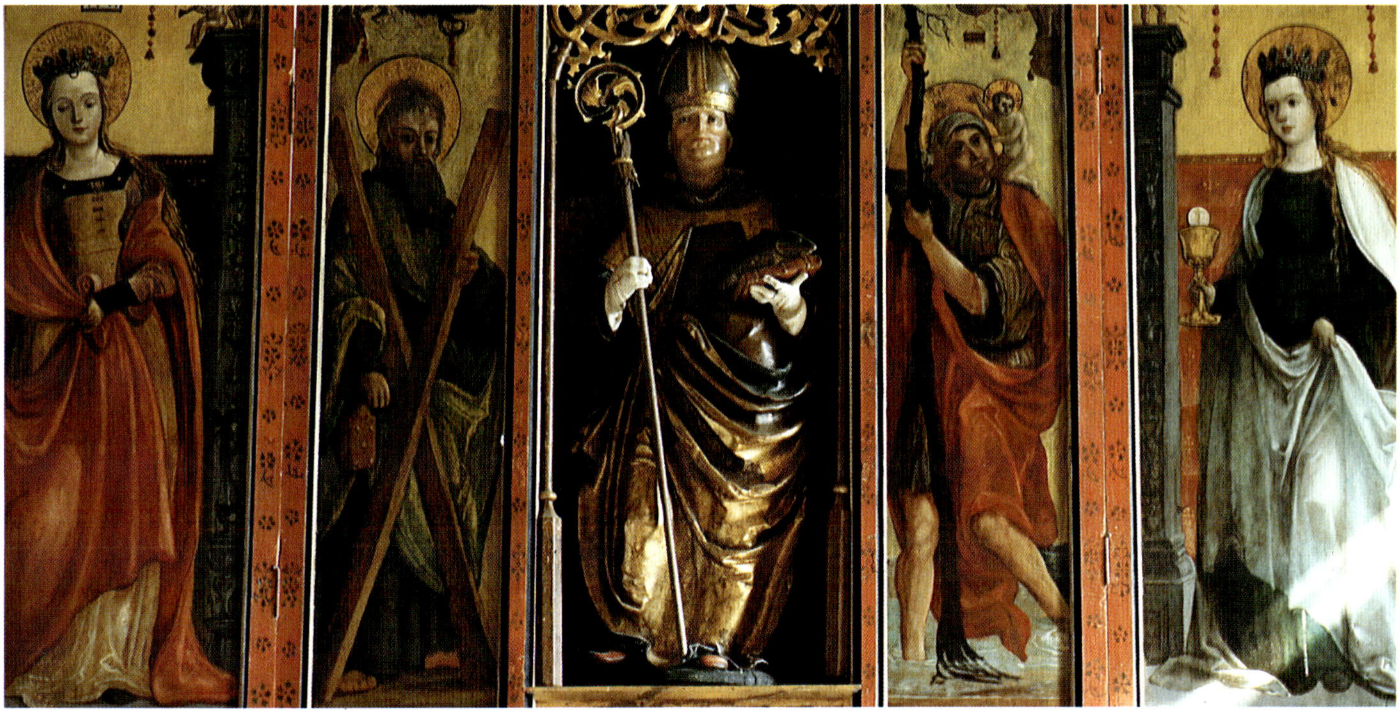

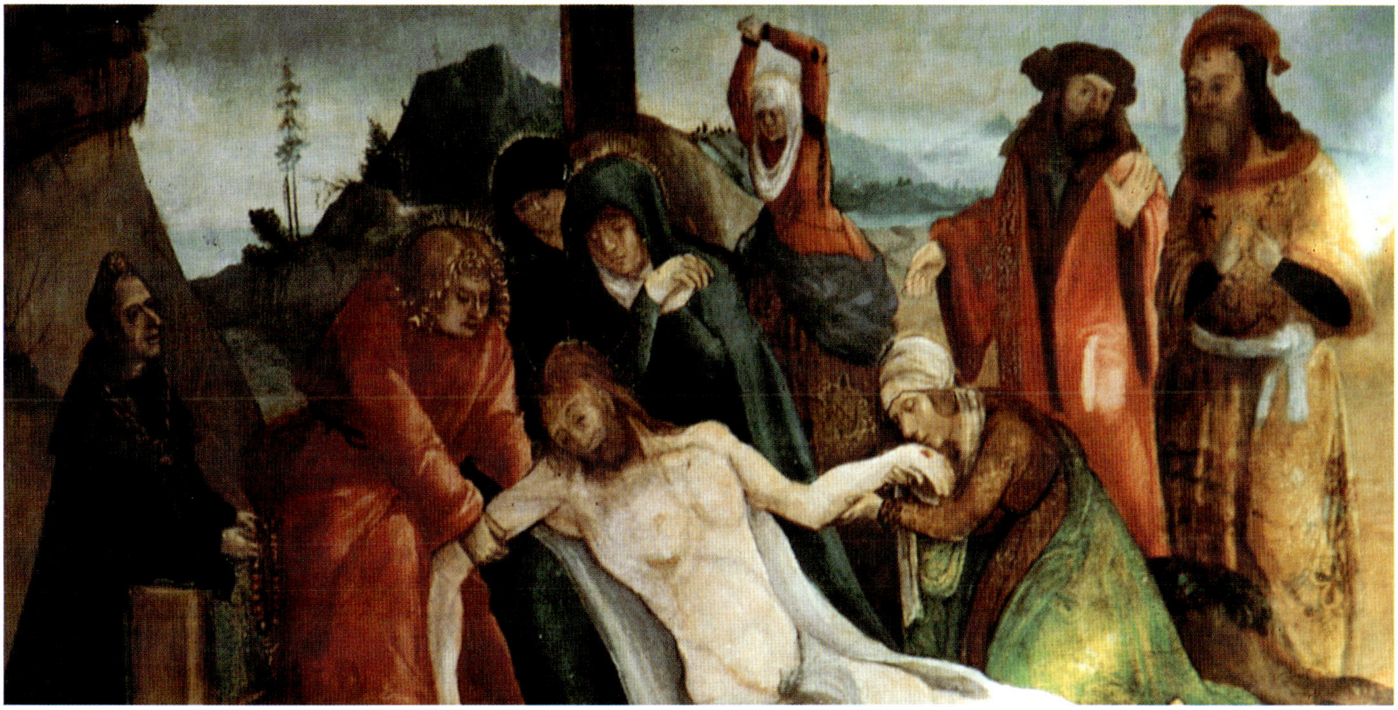

Bergbau, Prebermaut und Schmuggel

Der Preberberg steht der Sage nach auf sechs goldenen Säulen. Ein armer Hirtenknabe fand am „Goldbrünnlein" beim Bischofloch gleißenden Goldsand, den er in einem hineingehängten Fußstrumpf sammelte.

Zwei goldgierige Bergknappen hatten ihre Seelen dem Bösen verschrieben, der aber ließ, als die Geisterstunde vorüber war, plötzlich den güldenen Erzklumpen beim Sagmeister im Moos zur Erde fallen. Noch jetzt seien dort die Spuren der Teufelskrallen zu sehen!

Auf der Lungauer Seite des Prebers soll ein langer Stollen zu einer Goldtruhe führen, die niemand öffnen konnte.

Tatsächlich gab es im 16. Jahrhundert Goldwaschwerke „auf der Mur zu Teufenbach, zu Predlitz und Murau". Ulrich von Liechtenstein erhielt 1256 vom Kärntner Herzog „alle Rechte an den Erzbergen seines Gerichtes bei der Mur". Dieses Privileg wurde 1311 bis 1458 stets erneuert. Es gibt in Krakau ein Bergwerk, genannt „am Berg". Hier wurden 16 Gruben vergeben.

Daraus erhellt, daß in der Krakau tatsächlich vor 400 bis 500 Jahren auf Edelmetall geschürft wurde, und daß fünf Krakauer selbst Bergbau betrieben. Es stimmt also die Sage vom findigen Hirtenknaben, der das Prebergold seinem Bauern zeigte und die Fundstelle offenbarte, worauf der Bauer selbst zur Goldgewinnung schritt.

Die im Volksmunde „Bischofsloch" genannte Berghöhle liegt 2100 m hoch im Bockleiteneck des steirischen Preberzuges im Kalkfelsen der „Bischofswand" und sendet das „Goldbrünnl" in die Tiefe. Der sonderbare, urkundlich nicht aufscheinende Name „Bischofsloch" ist eine volkhafte Mißdeutung der amtlichen Bezeichnung „die Spießschaft-Lucken im Preber" (Gewerkschaft „Spieß"), die um 1615 von Lambergischen Verwalter Heinrich Lannthaler mit 38 Knappen belegt wurde. Der ca. 200 m lange Stollen ist mit Inschriften aus der Zeit von 1500 an bis 1880 versehen. Am Ende des Ganges fanden sich ein Skelett in zusammengekauerter Stellung und Gerätereste. Die Höhle wurde 1925 vermessen und die Wandfiguristik abgezeichnet.

Wie sehr die Metallgewinnung und -verarbeitung in dieser Region verbreitet war, zeigt der Kulmhammer bei Ranten, der bis ins 19. Jahrhundert arbeitete. Ungefähr 3,5 km südöstlich von Ranten stand am gleichnamigen Bache der „Herrschaftlich Murauische Stachel- oder Kulmhammer Nr. 14 im Winkl". Er gehörte stets zur Pfarre Ranten und noch um 1787 zur Katastralgemeinde Rottenmann (Tratten), wurde aber dann unter der Hausnummer 33 zur „Vorstadt Murau" eingeordnet. Die Arbeitsleistung der aus zwei Hämmern und drei Feuern bestehenden Anlage übertraf um 1750 an jährlicher Nutzung sämtliche Schwarzenbergische Hämmer der Umgebung – es wurden am Kulmhammer jährlich ca. 2500 Zentner Roheisen verarbeitet und 2300 Zentner Stahl mit einem Kohlenverbrauch von 1700 Faß erzeugt.

Seite 79: Ehemaliges Maut- oder Zollhaus zwischen Lungau und Krakau, an der heutigen Landesgrenze zwischen Salzburg und Steiermark.

Das Rohmaterial kam seit 1658 vom Schwarzenbergischen Eisenbergwerk in Turrach, früher meist von Vordernberg. Die Holzkohle wurde von der Bauernschaft des Rantentales zugeführt. Die Bestanddauer des Kulmhammer läßt sich nicht nachweisen, sicher ist es jedoch, daß der Betrieb schon im 17. Jahrhundert sehr alt war. Es wird vermutet, daß bereits von den Slawen an der Stelle des Kulmhammers Eisen zu Stahl gehärtet wurde. Weiters wird vermerkt, daß der Kulmhammer im Jahre 1862 noch in Betrieb stand. Das Hochwasser der Ranten dürfte 1876 dem Kulmhammer ein Ende bereitet haben.

Das steirisch-salzburgische Grenzgebiet, heute eine friedliche Landschaft, lag bis zum Jahre 1816, da Salzburg zu Österreich kam, oft im Spannungsfeld von Auseinandersetzungen zwischen geistlicher und weltlicher Macht.

An der Preberklause, der Grenze gegen das geistliche Fürstentum Salzburg, befand sich eine österreichische Maut- und Wachtstation. Es war das k. k. Einnehmerhaus Nr. 131 (1787).

Die Landesgrenze gegen Salzburg ist am Preberrücken durch ein Steinmäuerl gekennzeichnet und deckt sich fast mit der bezüglichen Grenzbeschreibung des Landgerichtes Murau von 1414. Von der Preberklause aber führte von jeher der Weg in den salzburgischen Lungau — eine prächtige Gelegenheit zur Einschmuggelung des Halleiner Salzes, des bayrischen Tabaks und dergleichen sowie zur zollfreien Durchbringung steirischen Viehs nach Bayern. Da mochten wohl die kaiserlichen Zollwächter (Überreiter) die Augen offen halten, denn die Händler und Bauern waren pfiffig, die Zollgebühren höchst überflüssig, wie der bäuerliche Hausverstand kalkulierte. Das Leben an einem solchen Grenzposten war keineswegs geruhsam, sondern eher gefahrvoll, denn der Warenschmuggel blühte zu allen Zeiten.

Darüber berichtet auch die Sterbematrik der Pfarre Ranten: Bartholomä Weilhaußer, am 14. März 1692, 38 Jahre alt, „von den Bauern erschlagen". Johann Peß, gleich alt, am 15. April 1719 „von den Krainern erschlagen". Johann Jakob Polster, verehelicht, 40 Jahre alt, „bei den Eisenhütten in Fresen von Schmugglern totgeschlagen", am 24. Februar 1748. Christian Aichmillner, Überreiter beim Salzamt Murau, am 25. Oktober 1761, 50 Jahre alt, „von einer Schmugglerbande aus Seetal mit Dreschschwingel um 1 Uhr nachmittags derart verletzt, daß er gleich die Sprache verlor und beim Hammerschmied in Ranten nach 18 Stunden verschied". Natürlich kam es auch manchmal vor, daß sich ein Grenzorgan mit den Schmugglern auf eine bezahlte Mitwisserschaft einließ, wie dies das Geständnis des Überreiters Michael Lux aus dem Jahre 1677 bestätigt: „In des Richters zu Schöder Behausung habe man zu ihm gesagt, sie sollen lieber Geld annehmen, als so streng sein, sie würden sonst ja doch erschlagen! Nachdem sie beim Schmied in Seebach bis in die Nacht gezecht, seien sie in das Graggau geritten zum Koaser, Grueber und Karl im Bach. Dort wurde vereinbart, dem Lux für jedes paar Ochsen 1 Gulden Schweigegeld zu geben. So sind bis Martini über 60 Ochsen ins Lungau geschmuggelt worden."

Seite 81: Die Grenze zwischen Salzburg und Steiermark am Preber war früher von eminenter Wichtigkeit, symbolisierte sie doch die Trennung zwischen geistlicher (Erzbischof von Salzburg) und weltlicher Macht (Kaiser). Diese Steingrenze dient nunmehr als Viehzaun.

Seite 82: Das Naturdenkmal „Bischofsloch" auf der steirischen Seite des Prebers war früher ein Bergwerk, in dem nach Edelmetallen geschürft wurde.

Die Krakau (1100–1500 m) als Sommerfrische

Seit Eröffnung der Murtalbahn (1894) ziehen insbesondere die Grazer und Wiener Sommergäste mit Vorliebe in das Hochtal der Krakau. Dort finden sie die höchstgelegenen Bergbauernhöfe der Steiermark.

Die Gegend lädt zu Wanderungen, Ausflügen und Bergtouren ein. Der 150 m über dem Dorf gelegene Kalvarienberg mit seiner Kreuzkapelle und reizenden Aussicht gibt wohl den besten Überblick über Dorf und Tal. Lohnend ist die Wanderung zum kleinen Wasserfall und weiters zum großartigen Wasserfall (über 60 m) in Schöder-Günsten, der zu den schönsten der Steiermark zählt.

Eine schon größere Tour führt am Ulrichskirchlein vorbei zum Etrachsee. Dieser See entstand vor 300 Jahren durch Elementarereignisse und Menschenhand, wodurch dem am „Sauofen" (offenes Wassergebiet) entspringenden Etrachbach der Abfluß verlegt wurde. Vor 1600 war der See noch Wiesenland.

Von hier aufwärts geht es zur Grafenalm mit der am 1. September 1930 von den „Stuhleckern" eröffneten Schoberhütte (1650 m), von da wieder nördlich in zwei Gehstunden zur „Schimpelscharte" (2273 m) zwischen Bauleiteck und Süßleiteck und in weiteren zwei Gehstunden hinab nach St. Nikolai in der hinteren Großsölk. Vom Schutzhaus zuerst südlich kommt man zum Hubenbauerntörl (2062 m) und dann nordwestlich in die Kleinsölk.

Westlich von Krakaudorf liegen die höchstgelegenen Orte der Diözese, St. Ulrich (1320 m) in Krakauebene, Krakauhintermühlen sowie Krakauschatten.

Den Hauptanziehungspunkt der „hinteren Krakau" bildet der 2741 m hohe, auf der steirischen Seite ganz steil abfallende Preber, den unter Führung des Paulnbauer schon Erzherzog Johann wiederholt bestieg.

Von Krakauebene aus führt der Weg zur „Grazer Hütte" (1900 m), die vom Deutschen und Österreichischen Alpenverein (Sektion Graz) 1894 erbaut wurde. Von da geht man in drei Stunden zur Preberspitze. Die Aussicht vom Preber ist nach der steirischen und salzburgischen Seite hin einzig schön und erhebend. Die Fernsicht reicht bei schönem Wetter bis zu Dachstein und Großglockner.

Darüber hinaus gibt es eine Vielzahl von Wandermöglichkeiten. Vom Dorf beginnend, über den Bauernhof Schaflechner, den zweithöchsten der Steiermark (1265 m), zur Dorferalm, zum Trübeck (2367 m), zum Feldeck (2480 m) und letztlich zum Ruprechtseck (2591 m).

Eine anspruchsvollere Tour ist die Wanderung über das landschaftlich besonders schöne Hubenbauerntörl zum Predigtstuhl (2543 m). Der Aufstieg endet mit einer kleinen Kletterei; die Aussicht ist besonders lohnend. – Auf der anderen Seite des Tales grüßt der Gstoder (2140 m), der am besten von Murau über St. Ruprecht bestiegen wird.

Allen Bergen der Niederen Tauern gemeinsam ist die Ruhe auf den Bergwiesen und Gipfeln, denn es gibt kaum mechanische Aufstiegshilfen (keine

Gipfellifte oder Seilbahnen) und fast keine Straßen. Auch Schutzhütten sind in Gipfelnähe keine anzutreffen, so daß der Naturfreund noch ursprüngliche Landschaften vorfindet. Knapp an der Baumgrenze strecken herrliche Zirbenbäume ihre jahrhundertealten Äste in den Himmel. Wird dann einer der Riesen durch Wind und Wetter gestürzt, ergeben die Stämme und Strünke mitunter gleichsam monumentale Plastiken.

Durch die Wälder streifen Reh und Hirsch, die Gemse springt oberhalb der Baumgrenze vor dem Wanderer davon. Auch der Auerhahn ist hier noch beheimatet, und in höheren Regionen ertönt zur Balzzeit das Lied des „kleinen Hahnes" (Birkhahn). Der eilige Wanderer bemerkt diese Vögel jedoch kaum; den Adler hingegen kann ein aufmerksamer Beobachter an klaren Tagen hoch oben in der Luft seine Bahn ziehen sehen.

Noch ist uns in diesen Bergen eine reichhaltige Alpenflora beschert, aber doch sind einige Pflanzen, wie z. B. das Kohlröschen, im Aussterben begriffen. Deshalb schützt die heimischen Alpenpflanzen, welche am liebsten als anmutige Fotomodelle posieren!

Vor allem die Insekten sind die liebsten Besucher vieler wunderschöner Alpenpflanzen. Die Hummeln umbrummen den blauen Eisenhut, bunte Schmetterlinge nippen an der prächtigen Kratzdistel und Scheuchzers Wollgras versendet seine Samen mit dem nächsten kräftigen Windstoß.

In tieferen Regionen trifft man noch viel Vieh auf den Weiden an, und in den Tälern wird gelegentlich noch Butter nach Vätersitte getrieben oder auf den Höfen Brot gebacken.

Ein aktueller Anlaß, der in diesem Buch nicht unberücksichtigt bleiben soll, ist das kürzlich wiederbelebte Wasserscheibenschießen am Schattensee. Sowohl halb vergessenes und wiederentdecktes Brauchtum als auch Fremdenverkehrsattraktion, bedeutet es für die Steiermark eine einmalige Besonderheit.

Dank und Anerkennung gebührt vor allem Herrn Bürgermeister Siegfried Stadlober. Sein Weitblick und seine über Jahrzehnte während Beharrlichkeit brachte für Einheimische und Gäste Fortschritt bei gleichzeitiger Pflege der Tradition. So regte er unter anderem die Schaffung der Langlaufloipe zum Prebersee an und erweckte vor allem das oben erwähnte Schattenseeschießen zu neuem Leben.

Der gebürtige Steirer Dr. Paul Kaufmann hat das Drehbuch zu einer mehrteiligen Fernsehserie geschrieben. Selbstverständlich spielt die herrliche Landschaft, aber auch das Brauchtum eine wichtige Rolle. Die Serie heißt „Die Leute von St. Benedikt", inszeniert von Frau Dr. Susanne Zanke unter Mitwirkung vieler bekannter Schauspielerinnen und Schauspieler, wie Barbara Wussow, Albert Fortell und Toni Sailer.

Seite 85: Krakaudorf, vom Fuße des Kalvarienberges gesehen.
Seite 86: Krakaudorf, Krakauebene und Preber.
Seite 87: Dem kurzen Nachtgewitter folgt ein strahlender Morgen.

Komm herein
mein lieber Gast so du
Geld im Beutel hast hast
du eins so setz dich nieder
hast du keins so scher dich
wieder.
1790. Renovirt 1897.

Seite 88: Beginn des „Fremdenverkehrs".

Seite 89: Der klare Etrachsee (1372 m), zur Gemeinde Krakauebene gehörend, mit Blick zum Bauleiteck (2424 m) im Hintergrund und dem im Vordergrund dominierenden Dürnberg (2241 m).

Seite 90: Murtalbahn, eröffnet 1894, mit ursprüng-
licher Dampflokomotive im Bahnhof Murau. Die
Endpunkte dieser zum Großteil eingleisigen Bahn
waren früher Unzmarkt und Mauterndorf, jetzt sind
es Unzmarkt und Tamsweg.

Seite 91: Murau mit gotischer Stadtpfarrkirche und
Schloß.

Seite 92: Wallfahrtskirche Maria-Alt-Ötting in Winklern.

Seite 93: Barocke Schnitzfiguren des Hochaltares von Thaddäus Stammel. Es ist der gleiche Künstler, der in der Bibliothek zu Admont die berühmten Figuren geschaffen hat.

Seite 94: Der Blumenschmuck gibt jedem Fenster das fröhliche Aussehen.

Seite 95: Zeugnis alter Zimmermannskunst sind diese „Schwalbenschwänze" an einem „Troad-kasten" in Hintermühlen.

Seite 96: Bergkirche „Maria Schutz" in Rinegg. Schon zu Zeiten Maria Theresias bestand der Plan, hier eine Kirche zu erbauen, um den Bewohnern den langen Kirchweg nach Schöder oder Ranten zu ersparen, weil besonders die Alten bei Schnee und Schlechtwetter oft monatelang an keinem Gottesdienst teilnehmen konnten. Besonders hervorzuheben ist, daß die heutige Kirche ausschließlich von Heimkehrern nach dem Zweiten Weltkrieg errichtet wurde. Anfang September 1950 wurde die kleine Bergkirche geweiht, welche gerade den 200 Einwohnern der Gemeinde Platz bietet. Die treibende Kraft des Kirchenbaues war Herr Othmar Krapfl, und Rinegg ist jetzt eine beliebte Hochzeitskirche.

Seite 97: Gotische Kirche von Schöder um 1480.

Seite 98: Kirche zu St. Peter am Kammersberg mit Karner.
Seite 99: Spätgotisches Fresko „Anbetung der Hirten" im Kircheninneren.

Seite 100: Steirisch Kegeln. Hier wird auf einer Naturbahn im Freien aus den vier Himmelsrichtungen mit rohen Kugeln auf ebensolche Kegel geschoben.
Seite 101: „Hurra, Rotkappen!"

Seiten 102 bis 104: Stimmungsbilder aus der schönen Krakau.

Seite 105: Ranten im frühmorgendlichen Nebel eines schönen Spätsommertages.

Seite 106: Der Günster Wasserfall, der größte in der Steiermark.
Seite 107: Alter Kasten in Blockbauweise.

Seite 108: Erster Sommerlift in der Krakau.
Seite 109: „Abfahrt" über ein Schneefeld.

Bei den Bergbildern ist vorweg zu sagen: Die Niederen Tauern der Krakau haben kaum Schutzhütten und keine Seilbahnen. Daher sind die Gipfel nicht überlaufen, und es ist herrlich ruhig in den Bergen. Dafür lohnt es sich, seinen Proviant mitzutragen. Die meisten Wege sind gut markiert.

Seite 110: Blick zum Predigtstuhl.
Seite 111: Luftperspektive der Niederen Tauern.
Seite 112: Die Gipfelstürmer am Predigtstuhl, 2545 m.
Seite 113: Der 2410 m hohe Schrein, ein sehr schwierig zu besteigender Berg.

Seite 114: Der Preber, 2741 m, vom Predigtstuhl aus gesehen.
Seite 115: Das Kreuz des im letzten Teil schwierig zu besteigenden Predigtstuhls, 2545 m.

Seite 116: Durchblick auf den Dachstein, und zwar beim Anstieg aufs Roteck.
Seite 117: Der noch gemütliche Übergang zum Predigtstuhl. Ab hier wird es für Wanderer ein bißchen schwieriger.

Seite 118: Roteck, 2743 m, gesehen vom Trübeck.
Seite 119: Gipfelblick vom Roteck.

Seite 120: Anstieg zum Hubenbauertörl, 2051 m.
Die Hubenbaueralm ist eine der schönsten Almen.
Seite 121. Oben: Rast vor dem Ansturm zum
Süßleiteck (2507 m). Unten: Panorama vom Preber,
und zwar mit Blick in die Krakau. Rechts im Bild
die Grazer Hütte.

Roteck
2743 m.

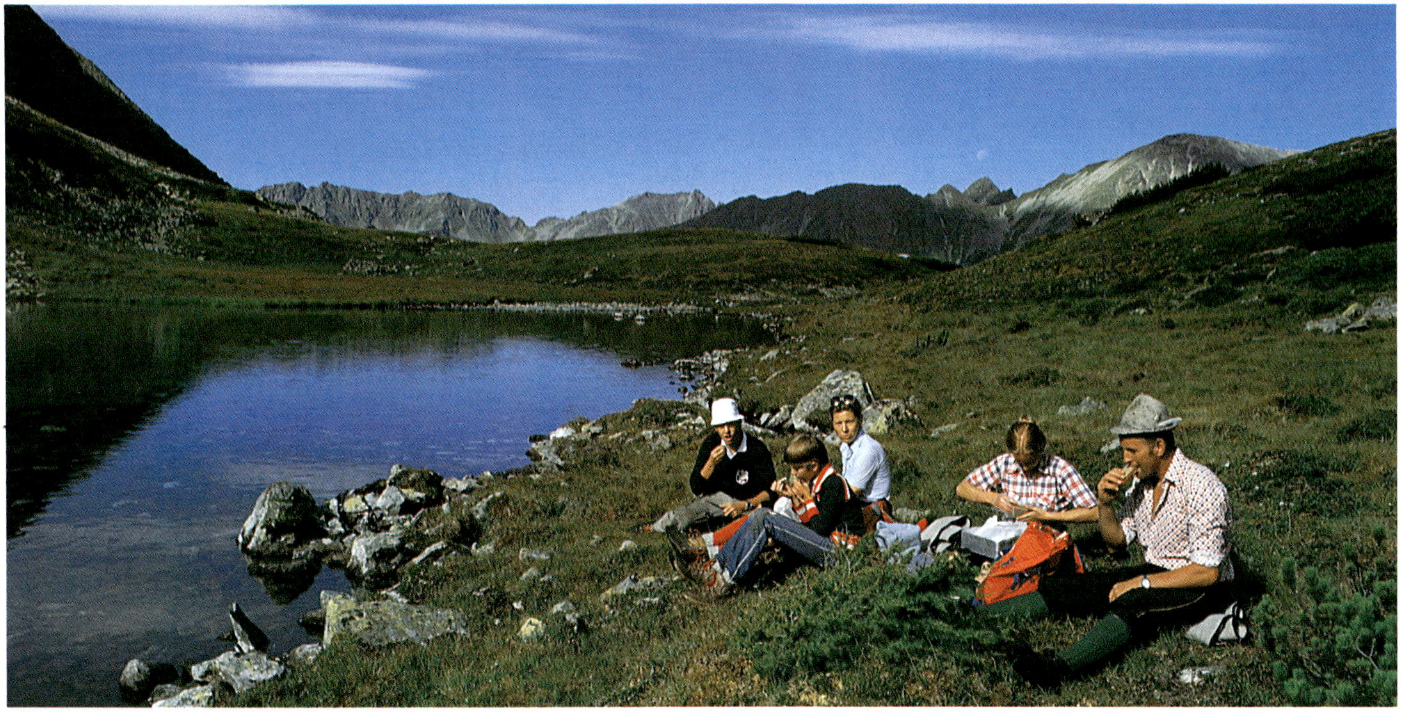

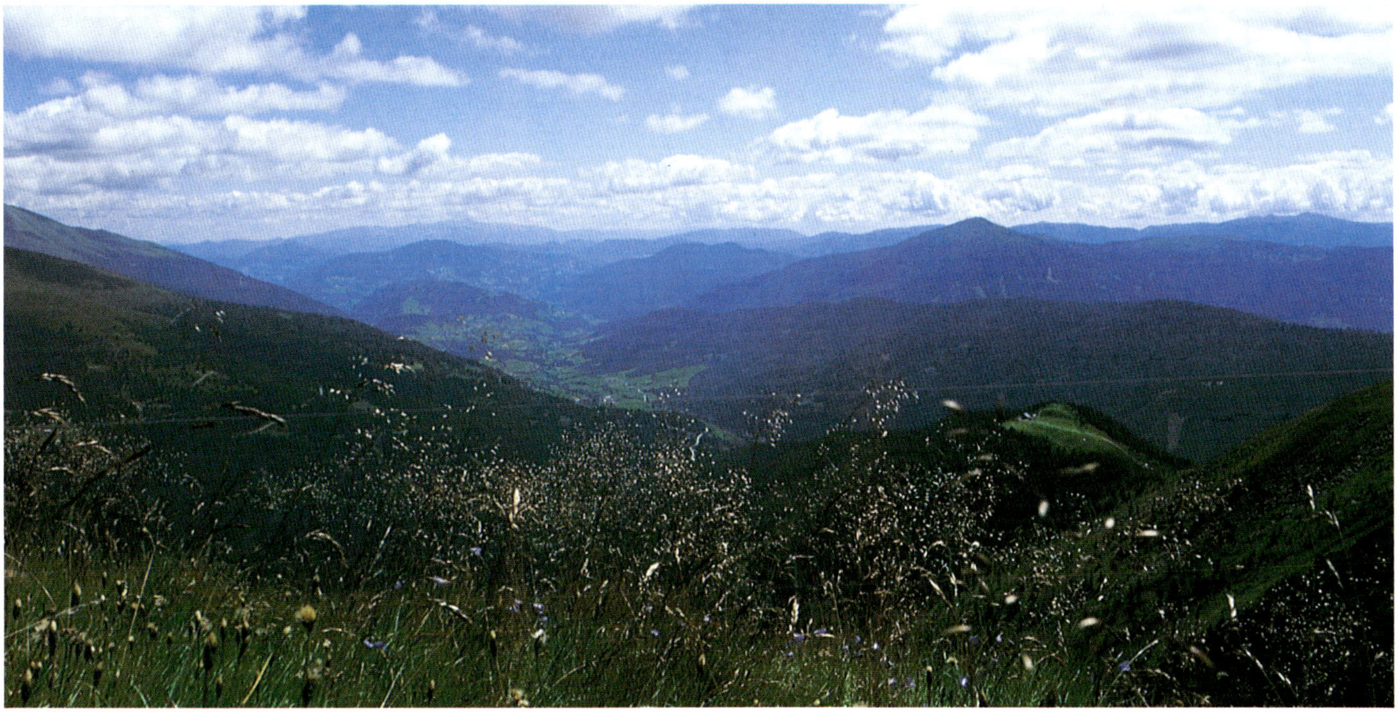

Das Wasserscheibenschießen am Schattensee

Es handelt sich dabei um das einzige Schießen auf das Spiegelbild der Scheibe im Wasser, das in dieser Art in der Steiermark durchgeführt wird. In ganz Österreich sind es nur zwei Seen, nämlich der Schattensee (1318 m Seehöhe) und der benachbarte Prebersee (1514 m) im Salzburger Lungau, die eine solche Schußtechnik ermöglichen. Übrigens ist diese sonst nirgends auf der Welt mit solcher Präzision möglich, was zahlreiche Versuche in Amerika, Japan und Skandinavien beweisen.

Der Beginn dieses Brauchtums muß bis zum Anfang des 19. Jahrhunderts zurückreichen, und zwar in die Franzosenzeit vor dem Wiener Kongreß. Das Wasserscheibenschießen wurde bis in die dreißiger Jahre des 20. Jahrhunderts immer abwechselnd am Preber- und am Schattensee abgehalten. Hernach geriet es durch die Ungunst der Zeit auf der steirischen Seite in Vergessenheit. Durch die Aktivität des Bürgermeisters von Krakauschatten wurde es 1985/86 wiederbelebt. Der sagenumwitterte Volksschatz kennt als Entstehung des Wasserscheibenschießens zwei Überlieferungen:

Die erste Überlieferung berichtet, daß sich zwei Wilderer ausmachten, einander am Schattensee zu treffen. Einer stand auf der Sonnenseite und einer im Schatten. Der eine spiegelte sich im Wasser, der andere schoß auf das Spiegelbild im Wasser, worauf der erstere tot umfiel.

Die zweite Überlieferung berichtet, daß im Prebersee ein Heuwagen mit Ochsengespann im Eis einbrach. Die Ochsen konnten noch befreit werden, das Joch ging jedoch unter. Jahre später fand man das Ochsenjoch im Schattensee. Es scheint, daß beide Seen unterirdisch verbunden sind. Das Volk erklärt sich daraus die Oberflächenglätte der Seen.

Diese Überlieferungen führten zu einem besonderen Brauch. Von einem Ufer des spiegelblanken Sees wird auf das Spiegelbild der am anderen Ufer aufgestellten Zielscheibe geschossen. Die von der Wasseroberfläche abprallende Kugel muß die über dem Wasser hängende Kartonscheibe treffen. Die Distanz beträgt 107 m, und der Scheibenmittelpunkt befindet sich 50 cm über dem Wasserspiegel. Es gehört zwar einige Übung dazu, aber es funktioniert. Schlaumeier, die direkt auf die Scheibe schießen, haben keine Chance; der Fachmann erkennt aufgrund der Einschußform des Loches den Schwindel.

In jeder Hinsicht ist das Wasserscheibenschießen ein schöner Brauch, der es verdiente, in der Steiermark wiederentdeckt worden zu sein.

Eine Fülle interessanter Einzelheiten bietet die zur Gänze in deutscher Kurrentschrift geschriebene Kirchenchronik von Krakaudorf. Sie enthält auch einen Sagenteil. Um diese volkstümlichen Berichte nicht in Vergessenheit geraten zu lassen, seien als Abschluß die Sagen der Krakau hier wiedergegeben. Wir folgen dem Originaltext.

Seite 123: Historische Aufnahme vom Wasserscheibenschießen am Schattensee zu Beginn unseres Jahrhunderts.
Seite 124: Schattensee mit Preber zur Herbstsaison.

Seite 125: Schütze mit dem Gewehr im Anschlag. Seite 126. Oben: Das neu errichtete Scheibenhaus mit vier Scheiben und Trefferanzeige in der Hausmitte. Die im Wasser schwimmenden Baumstämme glätten den Wasserspiegel und erleichtern das Zielen. Die Scheiben sind in einer Distanz von 107 m befestigt. Der Scheibenmittelpunkt liegt 50 cm über dem Wasserspiegel und kann bei unterschiedlichem Wasserstand nachreguliert werden. Unten: Das Scheibenhaus sowie die Scheiben spiegeln sich im Schattensee. Links die normalen Scheiben, wobei auf „Bahn 1" der Geller deutlich zu sehen ist. In der Mitte die Trefferanzeige, die dem Schützen angibt, wie weit er vom Schwarzen entfernt getroffen hat. Der Schütze hat zehn Schuß. Auf den „Bahnen 3 und 4" sind die gemalten Eröffnungsscheiben, auf die der Schütze jeweils nur einmal direkt zielen durfte.

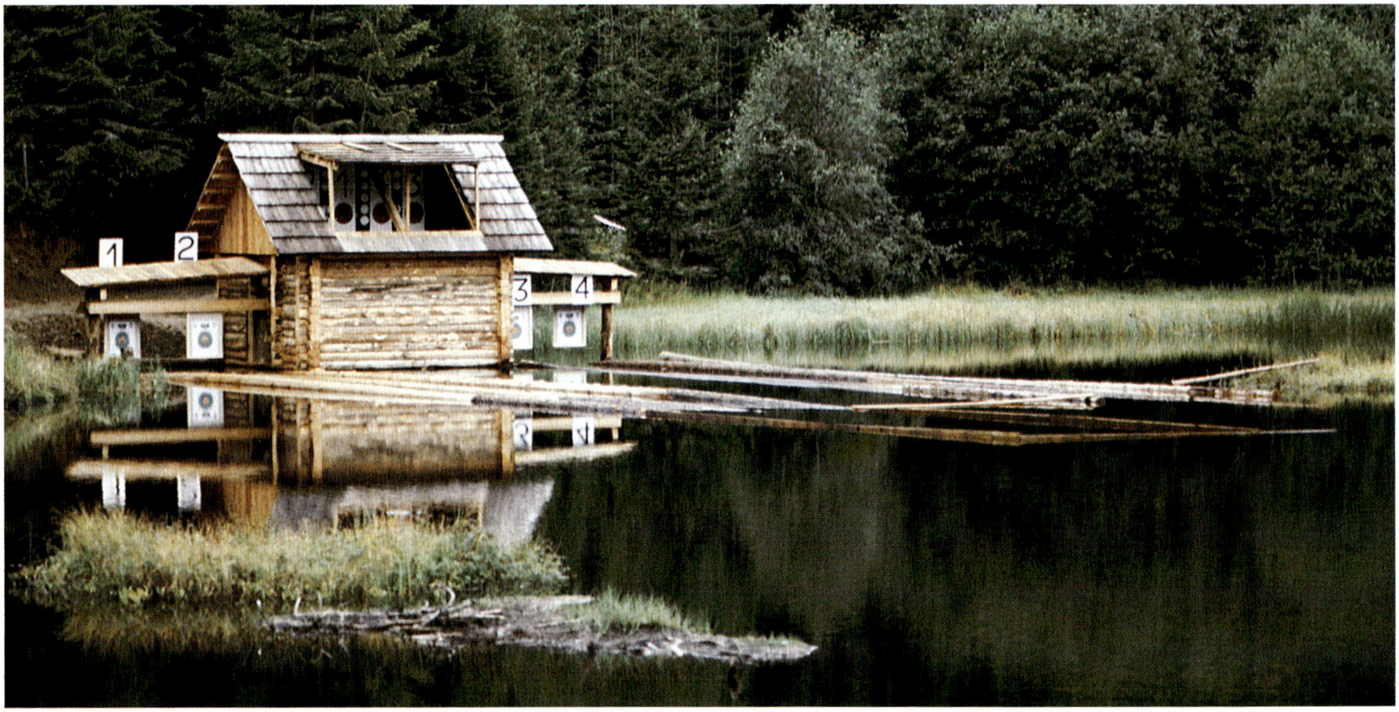
1
2
3
4

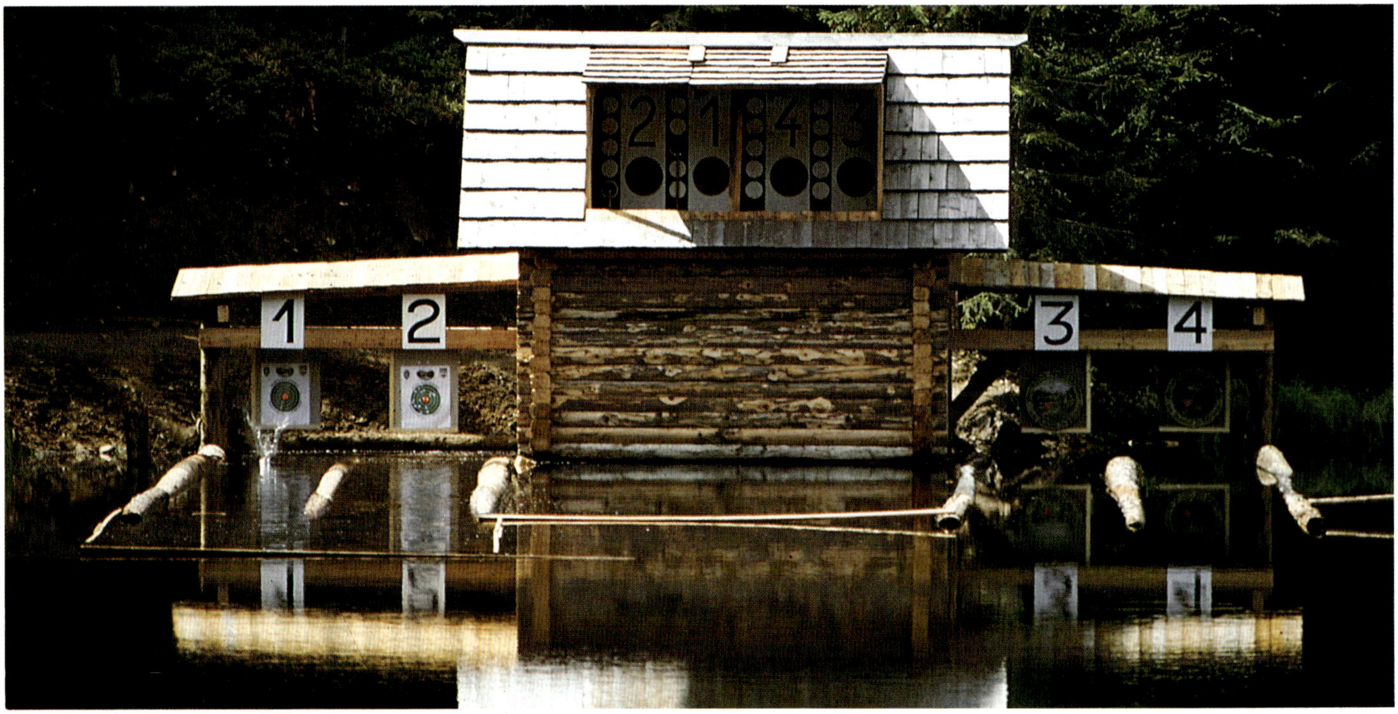
2
1
4
3
1
2
3
4

Den Blumenbildern ist voranzustellen, daß in der Krakau und besonders auf den Almen eine sehr reiche Flora wächst. Die meisten der hier abgebildeten Blumen sind selten und viele geschützt.

Seite 127: Das kleine Alpenglöckchen oder Soldanelle ist eine der ersten Blumen, die nach der abschmelzenden Schneedecke auf den Almen ihre Glöckchen zur Sonne recken.
Seite 128: Scheuchzers Wollgras, Detailaufnahme. Es ist auf Hochmooren zu finden.
Seite 129: Die gelbe Arnika konkurriert mit dem Himmelsblau.

Seite 130: Alpen-Glockenblume.
Seite 131: Stengelloser Enzian.

Seite 132: Blüte der Alpen-Hauswurz.
Seite 133: Rostblättrige Alpenrose, im Volksmund Almrausch genannt.
Seite 134: Berg-Wohlverleih auf ca. 2000 m.

Sagen
aus der Krakau

Die Samerkeusche in Schatten

In Krakauschatten, nicht weit von der Rantenbrücke zwischen den Höfen Tockner und Riedl, stand im 18. Jahrhundert ein Haus, die sogenannte Samerkeusche. Dort war einmal ein sehr böses und schlechtes Weib. Dasselbe war ihrem Manne ungetreu und wollte auch der Untreue noch das Verbrechen des Gattenmordes anfügen. Sie kaufte deshalb Gift, bereitete für ihren Mann in heuchlerischer Freundlichkeit allerhand gute Speisen und mischte das Gift darunter. Der Mann wunderte sich wohl oft über die so große Freundlichkeit und Güte seines sonst sehr zanksüchtigen Weibes, aber die Speisen mundeten ihm trefflich. Denn sein Weib hatte, weil es weit und breit übel beleumundet war, nirgends Gift, sondern unschädlichen Zucker erhalten. Über das Wohlergehen des Mannes und darüber, daß ihre in böser Absicht bereiteten Speisen nicht schadeten, wurde das böse Weib noch schlimmer. Sie dingte einen Bekannten zum Morde. Als der Samer eines schönen Sommertages in den Prebergraben ging, um bei seinem Vieh Nachschau zu halten, da wurde er von einer Kugel durchbohrt. Als dann auch die Samerin starb, soll sie ausgerufen haben: „Für mich braucht ihr nichts zu beten und kein Hl. Meßopfer aufopfern zu lassen, bei mir hilft nichts; denn ich war zeitlebens eine Hexe."

Der Preber

Der Preber, so sagt die Sage, ruht auf goldenen Säulen. Beim Ostabhange ist eine Kalkwand und in derselben eine Höhle, das sogenannte Bischofsloch. Gar viele gingen da hinein, um ihr Glück zu suchen. Manche sollen mit Päckchen voll des reinsten Goldes wieder fortgezogen sein, sehr viele aber, ohne ihr Glück gemacht zu haben. Von einem solchen Goldsucher wird erzählt. Nachdem er in die Höhle gekommen, verirrte er sich darin und mußte einige Tage in den Irrgängen verweilen. Ringsum sah er das herrlichste, reinste, blinkende Gold. Weil er aber keine Aussicht hatte, wieder lebend an das Tageslicht zu kommen, so nahm er nichts von den funkelnden Schätzen. Als er endlich nach vielen vergeblichen Versuchen in das Freie kam, befand er sich im Maurkar. Am Hut fand er dann einen oder zwei Goldzapfen, so daß er für das ganze Leben versorgt war.

Seite 138: Löwenzahn, zur Sonne fotografiert.

Der Schatz im Herde

Einst kehrte ein fremder, vornehm aussehender Herr aus dem Welschlande bei einem Bauer in der „hinteren Krakau", einer Gegend in der oberen Steiermark zwischen Enns und Mur, ein. Der Bauer hatte in der Küche einen auffallend großen, altertümlichen Herd, welchem der Fremde ein besonderes Augenmerk schenkte.

„Aber", sagte er zum Bauern, „wie könnt Ihr nur ein solch unförmliches Ding in Eurem Hause dulden! Weg damit, richtet Euch lieber einen zweckmäßigeren eisernen Herd her, wie wir solche bei uns daheim in Italien haben, ein solcher braucht viel weniger Holz und nimmt auch kaum ein Drittel von dem Platze ein, den dieser Koloß hier benötigt."

„Nein, nein", erwiderte der Bauer, „daraus wird nichts, denn nicht alles Alte ist schlecht und auch nicht alles Neue gut; auch ist dieser Herd mir und den Meinen besonders lieb und wert, weil mein Urahndl zum Ahndl auf dem Totenbette gesagt hat, er solle den Herd nicht abreißen, wenn er nicht in Not sei. Der Ahndl hat dies meinem Vater erzählt und dieser wieder mir. Nun bin ich zwar nicht reich, aber das Gebot meines Vaters und meines Ahndl möchte ich doch nicht übertreten, wenn ich auch das Ganze nicht recht verstehe."
Der Fremde zeigte anfangs bei diesen Worten eine kleine Unruhe, welche dem Bauer auffiel und in ihm einen Verdacht erregte, daß es mit dem Herde ein eigenes Bewandtnis haben müsse.

Alles Drängen des Fremden nützte nichts. Der Bauer wollte nichts von einem neuen Herde wissen und pries die Vorteile des alten mit ebenso beredten Worten wie der Fremde die eines neuen Herdes. Als nun der fremde Herr von der Fruchtlosigkeit seiner Bemühungen überzeugt war, brach er von dem Gegenstande ab und brachte erst einige Tage später wieder das Gespräch auf den Herd. Er lud nämlich den Bauer ein, mit ihm nach Italien zu reisen und sich dort alles Schöne und Herrliche anzusehen; die Reise hin und zurück sollte ihm nichts kosten, denn der Fremde wollte diese Auslagen zum Danke für die freundliche Aufnahme selbst bestreiten. In Italien, in seinem Hause angekommen, wollte er ihm dann seinen Herd zeigen, und wenn derselbe dem Bauer gefiele, sollte dieser selben mitnehmen, dafür aber ihm das Abbrechen des alten und das Aufrichten des neuen Herdes gestatten. Dem Bauer war dies recht; er gedachte, wegen des Herdes schon auf eine Weise dem Fremden zu entschlüpfen und freute sich der billigen Reise und der schönen Städte und Gegenden, die er nun sehen sollte.

Sie reisten ab, und dem Bauer war es schier, als müßte ihm der Verstand stehen bleiben ob der vielen Herrlichkeiten, die er zu Gesicht bekam. Er dachte schon, dem Fremden die Bitte zu willfahren zum Danke, daß er ihn mitgenommen. Und als sie die Wohnung des Welschen erreicht hatten und der Bauer sich den Küchenherd besehen und die in die Augen fallende Zweckmäßigkeit desselben erkannte, war er fest entschlossen, auf den Antrag des Fremden einzugehen. Er teilte auch diesem seinen Entschluß mit. Darüber war nun der Welsche ungemein erfreut und ließ sich die

Bewirtung seines ländlichen Gastes noch mehr angelegen sein und fuhr Speis und Trank reichlich auf.

Da wollte es der Zufall, daß der Hausherr in dienstlichen Geschäften dringend abberufen wurde und einen ganzen Tag ausblieb. Den Bauer trieb die Neugierde umher, und er wollte sich alle Räumlichkeiten des Hauses ansehen. So kam er nun auch in ein kleines Kämmerlein, in dem sich nichts befand als ein unscheinbarer Spiegel, der an der Wand hing. Der Bauer tat einen Blick in denselben und staunte nicht wenig, als er anstatt seines Ebenbildes eine Landschaft darin sah. Er trat nun näher und erkannte gleich, daß das Bild im Spiegel sein heimatliches Dörflein darstelle, und, o Wunder, er erblickte deutlich sein Haus und den Herd in der Küche, welcher durchsichtig zu sein schien, denn im selben befanden sich eingemauert drei große Töpfe, vollgefüllt mit blinkenden Goldstücken.

Der Bauer wußte nun, daß dieser Spiegel ein Bergspiegel sei, der verborgene Schätze anzeigte, und er erklärte sich jetzt das Drängen des Fremden, den Herd abzureißen. Er überlegte, wie er dem Welschen mit List zuvorkommen könnte, und beschloß endlich, die Seinigen von der seltsamen, freudigen Entdeckung in Kenntnis zu setzen.

Gesagt, getan! Der Bauer schrieb seinem Weibe, wie er durch den Bergspiegel entdeckt habe, daß im Herde drei große, mit Goldstücken gefüllte Töpfe verborgen seien. Da er den Herd dem Welschen, mit welchem er hierher nach Italien gereist sei, abgetreten habe, so dürften beide hoffentlich bald wieder nach Hause kommen. Daher möge sein Weib von der Kammer aus in den Herd eine Lücke brechen, die Töpfe herausnehmen und das Gold an einem sicheren Orte verbergen; dann aber möge sie die Töpfe mit Steinen füllen, sie wieder an den vorigen Ort stellen und alle Spuren möglichst unkenntlich machen. Der Herd selbst aber solle in der Küche an keiner Stelle verletzt werden, damit der Welsche nicht Verdacht schöpfe.

Der Bauer übergab den Brief der Post, und als der Hausherr abends heimkam, tat jener nichts dergleichen, daß er das Geheimnis vom Schatze im Herde erfahren habe. Wenige Tage darauf reisten der Welsche und der Bauer wieder zurück in die Heimat des letzteren. Schon vor dem Dorfe gewahrte der Bauer in einem Verstecke das Gesicht seines ältesten Sohnes, der ihm verständnisvoll zuwinkte. Der Bauer schloß daraus, daß man seinen Brief erhalten und den Befehl ausgeführt habe.

Als nun die beiden in des Bauers Wohnhaus traten, war des Fremden erster Gang nach der Küche, um den Herd zu besichtigen. Er lächelte seelenvergnügt vor sich hin, denn nichts an ihm schien beschädigt. Der Welsche mußte sich nun dem Bauer verpflichten, selbst den alten Herd abzureißen und den neuen aufzustellen. Aber wie groß war sein Zorn, als er die Töpfe anstatt mit blanken Dukaten nur mit Steinen gefüllt fand. Doch wollte er sich nicht bloßstellen und richtete nun den neuen Herd her. Dann aber nahm er sein Gepäck und verschwand aus der Gegend, ohne sich vom Bauern zu verabschieden.

Dieser lachte sich fröhlich ins Fäustchen, daß er dem Welschen, welcher ihn um den vom Urahndl hinterlegten Schatz bringen wollte, zuvorgekommen war.

Seite 141: Niedriges Seifenkraut.

Der Hexenmeister vom Stolzenalpl

Wie fast an allen Orten, so waren und sind teilweise noch jetzt auch hier Sagen von Hexen im Schwunge. Auf dem Überling und auf dem Stolzenalpl hatten sie vor allem ihre Tummelplätze, und dort seien auch Kreise für die Hexentänze. – Auf der Stolzalpe treiben die Hexen am Pfingstsonntage ihr Unwesen. Hier halten sie ihren Tanz ab, und der Platz, auf dem sie das tun, ist ganz kahl. Sobald ein Uneingeweihter in die Nähe kommt, steigen die Hexen in wolkenförmiger Gestalt in die Höhe, und dann beginnt's zu regnen, zu blitzen und zu donnern, „daß es nur ein Graus is", und nicht selten hagelt es gar fürchterlich, und alle Feldfrüchte werden dann vernichtet.

Einst stieg ein Jäger die Stolzalpe hinan; er hatte sein Gewehr mit einer geweihten Kugel geladen. Als der Jäger zur Höhe hinankam, bemerkte er plötzlich eine schwarze Wolke vom Erdboden aufsteigen. Alsogleich bekreuzigte er sich, riß sein Gewehr von der Schulter und schoß in die Wolke. Da ertönte ein menschlicher Schrei, und ein schwarzer Geier fiel aus der Luft zur Erde herab. **Er trat** näher zum erschossenen Vogel, der sich **nicht** mehr rührte und maustot zu sein schien; daneben lag ein Eßbesteck, Gabel und Messer, wie solches die obersteirischen Bauern in der Regel bei sich in einer kleinen Hosentasche zu tragen pflegen. Er nahm das Besteck zu sich, den Vogel aber ließ er liegen.

Mehrere Jahre darauf wurde der Jäger in die Gegend von Mariazell versetzt. Da kam er nun auch in ein Gasthaus und ließ sich von der Wirtin ein Stück kaltes gebratenes Schweinefleisch nebst Brot geben; dieses verzehrte er wohlgemut, dabei sein obenerwähntes, auf der Stolzalpe gefundenes Besteck gebrauchend. Die Wirtin betrachtete ihn gar aufmerksam und fragte endlich den Jäger, wie er denn zu dem Eßzeug gekommen; es sei dies dasselbe, welches ihr Mann vor so und so viel Jahren gehabt. Dieser sei alljährlich am Samstag vor Pfingsten vom Hause fortgegangen, aber auf einmal dann nimmer wieder zurückgekommen. Der Jäger erzählte nun sein „Geschick" auf der Stolzalpe und wie er das Besteck fand. Da ging der Wirtin ein Licht auf. „Ah so", sagte sie, „nun weiß ich's. Mein Mann war ein Hexenmeister, und drum ist er alle Pfingstsamstag fort vom Hause. Ganz recht, daß ihn einmal der Teufel g'holt hat."

Seite 143: Die duftende, aber geschützte Prachtnelke.

Seite 144: „Grantiger Jaga" oder „Grauperter Jaga"
ist die verblühte Berg-Anemone.

Perchtlsagen

Die Bettler-Thresl in der Etrachhandl-Badstube

Ein Knecht wollte nicht an die Perchtl glauben. Da sagte man ihm, er möge sich nur zur Nachtzeit bei der Öffnung eines Backofens hinlegen. Der Knecht tat es. Bei der Nacht erschien nun die Perchtl und gab ihm einen Schlag auf den Kopf. Ein Jahr lang hatte er infolgedessen entsetzliches Kopfweh. Kein Mittel bewirkte Linderung. Da riet man ihm, er solle sich am Jahrestage wieder zur Ofenöffnung legen. Er tat auch dies, und siehe, bei Nacht kam wieder die Perchtl, berührte ihn mit den Worten: „Hier habe ich vor Jahresfrist mein Hackl hineingetan, jetzt will ich's wieder nehmen." Von dieser Zeit an war der Knecht wieder heil und gesund.

Einmal erschien die Perchtl einem Knecht und trug ihm auf, ihren zerbrochenen Karren auszubessern, und zwar müßte es noch während der Nacht vor Tagesanbruch sein. Auch die Holzabfälle müsse er säuberlich zusammentun. Er tat es. Gegen Tagesanbruch holte die Perchtl den Karren ab und lohnte dafür reichlich.

Beim vulgo Neubauer in Oberetrach war einmal ein Besitzer, der ein gewaltiger Raucher war. Wenn er vom Schlafe, sei es in der Nacht oder auch schon in der Früh, erwachte, war es sein erstes, die Pfeife zu nehmen und in Brand zu setzen. Als er so nach seiner Gewohnheit wieder einmal bei Nacht im Bette rauchte, da sah er zu seinem nicht geringen Entsetzen bei der Türe drei Personen hereingehen. Zwei von diesen hatten Bockfüße, Hörner und einen Schweif, waren also Teufel, und diese zwei führten ein Bettelweib mit Namen Thresl, das in der Handlbadstube wohnte, mit Ketten gefesselt herein. Diese Thresl lebte vom Bettel, ließ aber einen großen Teil vom erhaltenen Almosen zu Grunde gehen, weshalb sie auch von den Teufeln geholt wurde.
Neubauer zitterte voll Entsetzen am ganzen Leibe. Da hörte er auf einmal die Thresl sprechen: „Wenn du zu St. Nikolaus in der Laßnitz für mich eine Wallfahrt verrichtest, so kannst du mich erlösen." Neubauer versprach es mit dem Bemerken, er gehe ohnehin nach Murau stiften (stiften, das ist die Steuer zahlen), und da könne er zugleich auch diese Wallfahrt verrichten.
Thresl aber erwiderte, er dürfe damit keinen anderen Zweck verbinden. Es werde ihm schon jemand zum Stiften unterkommen.

Darauf sagte Neubauer zu.

Einer der Teufel fragte dann den Neubauer, ob er nicht mit ihm Pfeifen tauschen wolle. Neubauer ging nicht darauf ein, versteckte schnell seine Pfeife und hörte von da an auf, schnell beim Erwachen jedesmal zur Pfeife zu greifen, auch hörte er auf, im Bett zu rauchen.

Als er am nächsten Morgen sich zur Reise anschickte, siehe da, kam ein Bekannter, welcher das Stiften besorgte, und er konnte nun ohne Nebenzweck den Weg in die Laßnitz machen. Als er dahin kam, konnte er fast nicht in die Kirche eindringen. Endlich gelang es ihm, und beim Hineingehen sah er zu beiden Seiten der Kirchtüre auswärts die Gestalten, welche er in der Nacht mit der Thresl gesehen hatte. Er verrichtete seine Andacht, und als er die Kirche verließ, sagte ihm die Thresl, die beiden Teufel seien geflohen, und sie sei nun auch durch seine barmherzige Hilfe erlöst.

Der Neubauer hatte sich so schnell zu dieser Wallfahrt aufgemacht, weil er in aller Frühe erfahren hatte, die Thresl sei zur selben Stunde, wo die Gestalten ihm erschienen sind, gestorben.

Seite 146: Auf nach Krakaudorf! Zwei „Heuhupfer"
im Huckepackverkehr auf einer Heidelbeere.
Seite 148: Noriker am Preber.
Seite 149: Naturerscheinung 1986, gelbe Wolken.
Seite 150: Abschied von der Krakau.

Sagensplitter

In den Alpenhütten hausen im Winter kleine, graue Männchen, die Kasmandln, und sammeln die von den Brentlerinnen (Sennerinnen) im Sommer zerstreuten Sachen.

Im Frauenloch, welches sich in der Rantenalpe gleich oberhalb der Alpenhütten befinden soll, hausen Weiße Frauen mit vielen Schätzen.

Der Prebersee und der Schattensee seien unterirdisch verbunden, die Tockneralpe dagegen sei hohl und im Inneren ganz voll Wasser.

Bei dem gemauerten Kreuze, etwas hinterm Stolz, sehe man bei Nacht häufig eine Totenbahre. Eine Näherin, die bei Nacht vorbeigehen wollte, wurde in der Nähe des Kreuzes samt der Totenbahre den Abhang hinabgeworfen.

Auf dem Wege von obgenanntem Kreuze hinaus gegen den Lenzenbauer hause ein Ungeheuer, und beim Nutz in der Nähe würden bei Nacht raufende Widder gesehen.

In diesem Buch wurde versucht, in Wort und Bild einiges von der Krakau zu erzählen, ein weithin noch unberührtes Gebiet, in dem die Welt noch in Ordnung ist. Jeder halbwegs Einfühlsame muß diese Landschaft und ihre Menschen liebgewinnen.

Die letzte Sorge des Schreibers: Hoffentlich trägt dieses gut gemeinte Buch nicht dazu bei, den Massentourismus in das Tal der Krakau zu bringen. Der natürliche Charakter von Landschaft und Menschen möge noch vielen Generationen erhalten bleiben.

Abschließen möchte ich dieses Buch mit der steirischen Dichterin Paula Grogger:

Wandersmann, die Sonnenuhr leucht ob Deinen
    Pfaden,
Deine Mutter, die Natur, hat Dich eingeladen.
Sei ein ordentlicher Gast, schon' Getier und
    Pflanzen.
Stopf sie nicht als tote Last grausam in den
    Ranzen.
Wandrer, der geschenkt bekam Wald und Luft
    und Lieder,
Leg' zum Dank nicht Krims und Kram auf den
    Rasen nieder.
Und verschreib Dein Menschenherz keiner Baumesrinde;
Zünde nicht in Spiel und Scherz – Feuer brennt
    im Winde!
Die Natur ist voll Gefahr, die Natur ist wunderbar;
Schlag sie nicht in Scherben!
Denk, Du lebest hundert Jahr
Und dann will die Enkelschar allen Reichtum
    erben!

Abbildungsnachweis und Nachwort

Soweit keine anderen Quellen angeführt sind, stammen sämtliche Farbbilder *(Kodak Ektachrome 64 und Ektachrome 100)* vom Autor und wurden mit Nikon-Kameras (F 2 und F 3) gemacht.

Vor- und Nachsatz: Schwarzenbergische Archive Murau, Plan Nr. 82 a, Murauer Landgerichts-Straßen- und Wegemappe von 1769/1772.
Seite 52 unten: Steinpflugschar aus dem Archiv des Grazer Joanneums.
Seite 67: Anna Neumanin von Wasserleonburg aus dem Schwarzenbergischen Archiv Murau (SAM).
Seite 123: Historische Aufnahme im Besitz der Gemeinde Krakauschatten.

Dieses Buch zu machen war ein Erlebnis, und zwar ein Wiedererleben der Urlaube in der Krakau. Entstanden ist es aus der Zuneigung zu Mensch und Landschaft in über einem Jahrzehnt und aus etlichen tausend Diapositiven. Weil aber ein Stück Arbeit damit verbunden war, möchte ich meinen Dank an alle aufteilen, die mir geholfen haben.

Am Beginn stehen die vielen Erlebnisse in der Krakau, wo „unser Bauer", Herr Siebenhofer vulgo Schaflechner, und seine Frau dank ihrer guten Ortskenntnisse und ihrer Lebensart uns unvergeßliche Eindrücke vermittelten. Viele Einheimische gaben durch ihre Erzählungen die Grundlagen für dieses Buch, allen voran Pfarrer Christian Karner und Bürgermeister Stadlober. Die Gespräche mit S. D. Fürst Karl Johannes von Schwarzenberg halfen mir immer wieder weiter, da er mir mit seinem geschichtlichen Wissen beratend beistand. Dank sei aber auch Herrn Dr. Anton Durstmüller gesagt, der mir mit seiner großen Fachkenntnis mit Rat und Tat zur Seite stand.

Schließlich bin ich dem Verlag wirklich verbunden, der mir sehr viel Vertrauen entgegenbrachte, ganz besonders Herrn Fritz Geyer und seinen Mitarbeitern, allen voran die Herren Dir. Böswarth und Dr. Reindl.

Widmen möchte ich aber dieses Buch meiner Familie, die mit viel Verständnis die Arbeit am Buch „miterlebte". Ganz besonderer Dank gebührt meiner Frau.

Wien, im Herbst 1987   Gerhard Wasshuber

Nachwort zur 2. Auflage:

Die Krakau ist trotz „modernen Zeitgeistes" und meinem gut gemeinten Buch auch in den letzten Jahren genauso liebenswert geblieben, so daß zu hoffen ist, daß auch die 2., überarbeitete Auflage daran nichts ändern wird.

Wien, im Frühjahr 1993   Gerhard Wasshuber

Inhaltsverzeichnis

Vom Brauchtum und dessen Ursprüngen in der Geschichte
7 Die Krakau
9 Ehrliches Brauchtum
49 Die Krakau – von Anbeginn
54 Über die bäuerlichen Kulturverhältnisse
64 Das Liechtensteinische Gericht zu Ranten
64 Protestantismus und Gegenreformation
68 Die Franzosenzeit
68 Das Gotteshaus zu St. Oswald in Krakaudorf
73 Die Filialkirche St. Ulrich am Hollerberg
78 Bergbau, Prebermaut und Schmuggel
83 Die Krakau (1100–1500 m) als Sommerfrische
122 Das Wasserscheibenschießen am Schattensee

Sagen aus der Krakau
137 Die Samerkeusche in Schatten
137 Der Preber
139 Der Schatz im Herde
142 Der Hexenmeister vom Stolzenalpl
145 Perchtlsagen
145 Die Bettler-Thresl in der Etrachhandl-Badstube
147 Sagensplitter

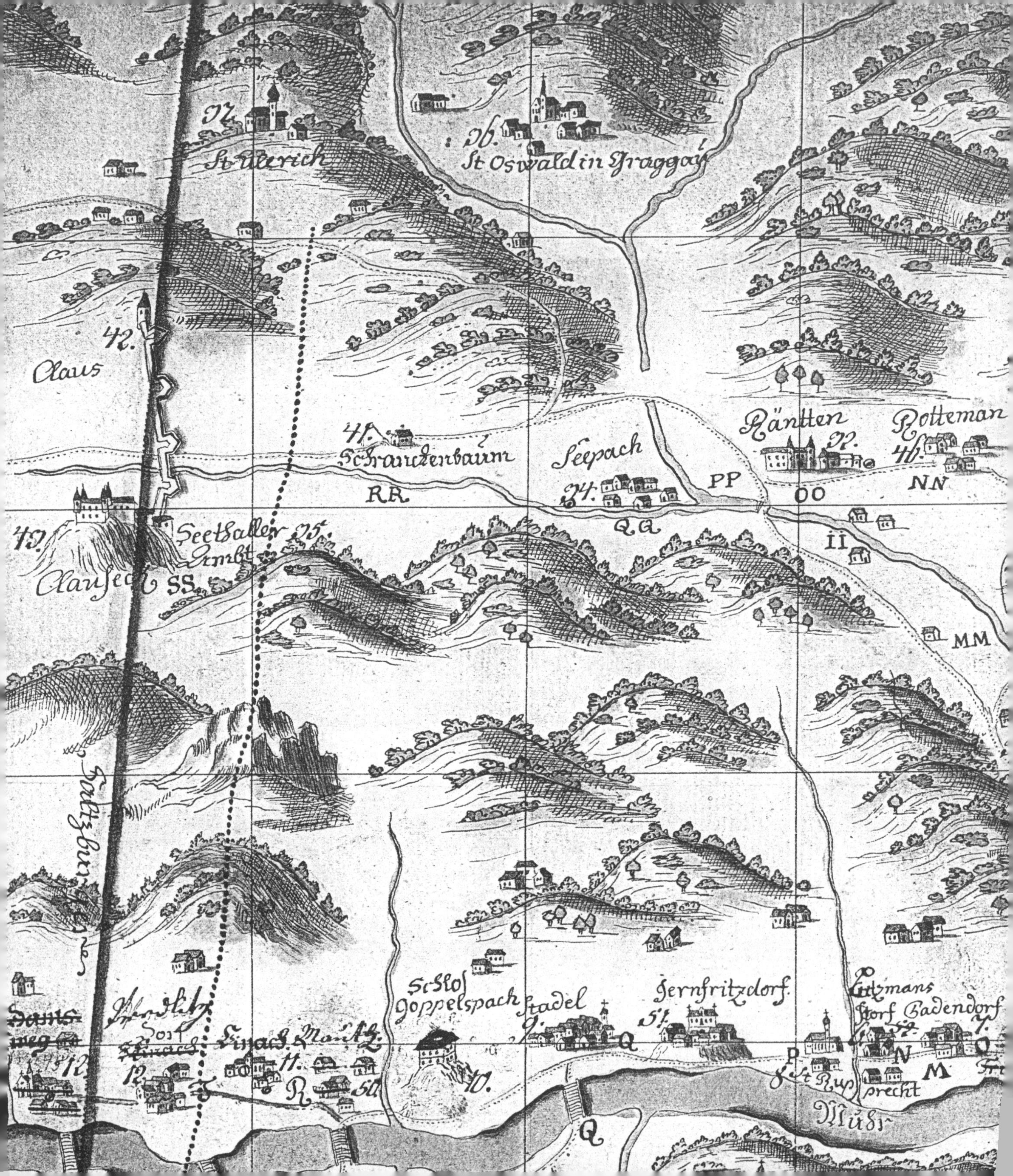

St. Ulrich

St. Oswald in Graggau

Claus

42

41 Schrauckenbaum
RR

Seepach
34
QQ

PP

Räntten
QQ

OO

Rotteman
46
NN

42
Clausec SS

Seethaller
Ambt 25

II

MM

Finas Monitz
R 50

Schloß
Joppelspach
10

Stadel
9

Jernfritzdorf
51

Q

Fitzmans
storf Badendorf
N O
M

St. Rup
precht
P

12
12

Q

Müer